DE

LA PEINE DE MORT,

PAR

ADOLPHE GARNIER,

AVOCAT A LA COUR ROYALE DE PARIS;

MÉMOIRE QUI A OBTENU LA MÉDAILLE D'ARGENT
DÉCERNÉE PAR LA SOCIÉTÉ DE LA MORALE CHRÉTIENNE,
DANS SA SÉANCE DU 27 AVRIL 1827.

Melioribus utere fatis.

Paris,

DE L'IMPRIMERIE DE GUIRAUDET,
RUE SAINT-HONORÉ, N° 315.

1827.

DE

LA PEINE DE MORT.

DE

LA PEINE DE MORT,

PAR

ADOLPHE GARNIER,

AVOCAT A LA COUR ROYALE DE PARIS;

MÉMOIRE QUI A OBTENU LA MÉDAILLE D'ARGENT
DÉCERNÉE PAR LA SOCIÉTÉ DE LA MORALE CHRÉTIENNE,
DANS SA SÉANCE DU 27 AVRIL 1827.

✸

Melioribus utere atis.

✸

PARIS,

IMPRIMERIE DE GUIRAUDET,

RUE SAINT-HONORÉ, N° 515.

—

1827.

DE
LA PEINE DE MORT.

CHAPITRE PREMIER.

BASE DE LA SOCIÉTÉ.

D'après certains physiologistes, l'homme est un animal social au même titre que l'abeille et la fourmi ; et, si l'on veut connaître quelle cause le fait vivre en société avec ses semblables, on ne doit la chercher que dans une impulsion de son organisation physique. Il est cependant d'importantes différences entre la société des hommes et les sociétés d'animaux.

Et d'abord, lorsqu'une fourmi s'est emparée d'une proie trop pesante, ses compagnes accourent, non pour la lui ravir, mais pour l'aider à rentrer dans le magasin ce précieux fardeau. Aucune ne détourne à son bénéfice propre la moindre partie d'un bien qui appartient à l'état ; aucune n'a d'existence à part. La petite monarchie des abeilles accomplit aussi son œuvre d'un mouvement unanime : aucun membre ne s'isole, aucun ne résiste, aucun ne s'oppose ; on ne vit là que pour un but commun.

Chez nous, au contraire, au milieu des travaux
d'ensemble qu'exécute notre société, nous avons, la
nuit, dans nos bois et sur nos routes, des hommes
qui, le sabre à la main, font contre l'association
commune de terribles protestations. Il ne faut pas
croire cependant que notre vie sociale soit pour cela
inférieure à celle des animaux. Cette exception à
notre harmonie est justement ce qui la relève : car
de là résulte la preuve que notre société est volon-
taire et libre. En effet, bien que nous soyons portés
par la nature à la vie de société, nous n'y sommes
pas contraints malgré nous, et ceux qui restent
fidèles à l'esprit de la communauté sentent qu'ils
sont guidés par leur choix, et que leur organisation
intellectuelle ou physique ne peut les empêcher de
se ranger parmi les rebelles. Dans l'association ani-
male, les individus disparaissent ; les êtres ne s'appartiennent plus : tout se confond en un mouvement commun, auquel nul ne pouvant résister, nul
n'a le mérite de se soumettre. Dans la société humaine, au contraire, l'individu n'est pas absorbé ;
il peut se séparer, ou consentir à se confondre ; il
s'associe librement.

Admettons d'abord que notre société soit uniquement le fruit de l'intérêt et du calcul : elle aura déjà
une grande supériorité intellectuelle sur celles qu'on
veut lui comparer, puisqu'elle sera construite à dessein par ses membres, tandis que les réunions d'animaux sont involontaires et aveugles.

La société humaine étant libre, examinons main-

tenant par quel lien elle est maintenue. S'appuie-
t-elle sur un pur intérêt, ou repose-t-elle aussi sur
un devoir? Notre soumission à l'ordre social est-
elle méritoire, ou simplement intéressée? Pouvons-
nous l'imposer comme une obligation, ou seulement
la conseiller comme un profit?

On connaît assez les deux opinions qui divisent
ici le monde philosophique, et dont l'une a été nom-
mée *doctrine de l'intérêt*, et l'autre *doctrine du
devoir*.

La première dit à l'homme : « Tu n'es guidé que
« par l'amour de toi-même : soumets donc ton in-
« térêt privé à l'intérêt commun, parce que, dans
« le bien général, le tien se trouve compris, et que
« d'ailleurs tu ne peux jamais lutter avec avantage
« contre le reste des humains. »

La seconde parle en ces termes : « Outre l'amour
« de toi-même, tu as pour guide encore l'amour de
« la justice, la raison, la conscience : soumets donc
« ton intérêt privé à l'intérêt commun, car ta con-
« science t'ordonne de ne pas sacrifier les autres à
« toi seul, quand même tu pourrais, comme l'ont
« pu quelques hommes, lutter avec avantage contre
« le reste des humains. »

Ainsi l'un de ces deux systèmes proclame, avant
tout, comme règle du citoyen, l'intérêt particulier,
et déclare que c'est pour le servir qu'il faut se soumettre à l'intérêt social.

L'autre élève l'intérêt social comme loi première,
et lui subordonne l'intérêt particulier.

Or la première doctrine est-elle fondée lorsqu'elle fait de l'obéissance à l'intérêt du plus grand nombre une branche ou un appendice de notre intérêt personnel? N'est-il pas évident que l'intérêt social empêche l'intérêt privé de s'étendre au-delà de certaines limites, et qu'ainsi ces deux intérêts sont en lutte? Et en effet, si je m'empare du blé ou de l'or entassé dans ce magasin, je saisis une proie beaucoup plus riche que si je laisse ces biens suivre leur cours dans la communauté : car alors je n'en recueillerai plus qu'une bien faible partie, ou aucune partie peut-être. En respectant les trésors, je quitte donc *cent* que je tenais pour *un* que je puis ne jamais tenir. Il y a donc sacrifice, ou du moins privation, dans l'obéissance à l'ordre social. Cet ordre, n'étant que l'intérêt commun préféré à l'intérêt particulier, ne peut avoir ce dernier pour base.

On répondra peut-être que le sacrifice fait à l'ordre social est encore le résultat d'un calcul, et qu'on n'obéit que pour éviter la peine prononcée par la majorité.

Mais comment s'est-elle formée cette majorité qui a prononcé la peine? Il faut qu'elle se soit composée de membres consentant dans tous les cas à ne prendre qu'*un* au lieu de *cent*. Et si nous n'avons pas en nous une voix secrète qui nous ordonne de ne pas sacrifier l'intérêt de tous à notre seul intérêt, on ne peut comprendre comment ceux qui accomplissent cette loi se trouvent en majorité; on ne peut comprendre comment les plus forts ne saisissent pas tout ce qu'ils peuvent atteindre, comme nous les voyons faire dans une distribution gratuite de vivres, un jour de fête, ou dans un pillage de ville, un jour de victoire, et partout où il est permis de n'agir que pour soi. D'après la doctrine de l'intérêt, une armée réunie, et parlant de devoir et de discipline au lieu de procéder sur l'heure, en vertu de sa force, à l'asservissement de la société, est un miracle inexplicable. Et cependant ce fait se passe tous les jours sous nos yeux.

Il faut donc chercher un autre motif que le pur égoïsme dans notre participation à la société humaine, c'est-à-dire dans notre obéissance à l'ordre de cette société. Cet autre motif qui, plaçant pour nous l'intérêt général au-dessus de l'intérêt individuel, constitue l'ensemble de nos devoirs, c'est ce qui a été nommé *sens moral*, *penchants sociaux*, *faculté morale*, *sens du devoir*, *notion du juste et de l'injuste*, *raison*, ou enfin *conscience*. Nous ne pouvons examiner ici quel titre convient le mieux à ce motif d'action; mais qu'il soit un mouvement organique et matériel ou une loi de notre intelligence, comme on le pensera si l'on considère qu'il ne se rencontre point sous le scalpel et ne se découvre que dans l'examen de l'entendement, on ne peut nier qu'il existe, et que chez le plus grand nombre des hommes il triomphe des penchants individuels ou de l'égoïsme, puisqu'il a formé une immense majorité sociale, c'est-à-dire une majorité d'hommes se reconnaissant l'obligation de

borner ou de sacrifier leur propre intérêt dans certains cas, et par là même reconnaissant des droits à
la société. Cette loi qui nous porte à ne pas empiéter sur l'intérêt social, cette loi que notre raison
nous montre obligatoire, et qui, en fait, est prou-
vée par l'existence de la société, cette loi de tous les
temps et de tous les lieux a donc été à tort mécon-
nue en France par Helvétius et son école, et plus
récemment en Angleterre par Bentham. Ce dernier
philosophe, pour ne l'avoir pas aperçue et avoir cru
que l'égoïsme était le seul mobile de l'homme, est
descendu dans ses traités de législation à une foule
de minuties sans lesquelles le monde a su marcher
jusqu'à présent. S'il n'y avait en nous que de l'a-
mour individuel, les petites précautions que Bentham recommande n'arrêteraient pas plus le combat
des intérêts privés que les milliers de fils d'une toile
d'arraignée n'empêcheraient une lutte entre des
lions. Ce qui a fait croire que rien ici-bas ne se faisait et ne se pouvait faire que par intérêt, c'est que
le devoir lui-même se trouve en dernier résultat
conduire à l'intérêt *général;* et l'on conçoit qu'il
n'en pouvait être autrement : car si le devoir eût été
opposé au salut commun, le monde aurait péri par
l'accomplissement même du devoir. Mais on n'en a
pas moins eu tort de confondre l'intérêt général avec
l'intérêt individuel, puisque le premier ne se forme
qu'en gênant et en diminuant le second, et que souvent même il en demande l'entier sacrifice. Cette
notion, que l'intérêt général doit être mis par chacun

de nous au-dessus de l'intérêt particulier, n'est donc pas une inspiration de l'égoïsme : c'est un sentiment désintéressé, ou une notion de justice acquise par les seules lumières de la raison. Mais, de même que nous cédons librement, comme nous l'avons montré, au penchant qui nous porte vers la vie de société, c'est aussi avec une liberté entière que nous obéissons à cet ordre de la raison qui nous commande le respect de l'intérêt social. Nous avons le pouvoir de résister à cette voix, comme le prouvent les faits et le témoignage de notre conscience ; et c'est là ce qui établit la moralité de l'obéissance.

La base de la société est donc 1° un penchant naturel à la vie sociale ; 2° une notion de justice qui nous défend d'empiéter les uns sur les autres, et nous engage à mettre l'intérêt général au-dessus de notre intérêt privé. Mais ces deux mobiles nous sollicitent sans nous contraindre ; c'est toujours notre volonté qui se détermine, et à laquelle appartient le mérite d'accomplir la justice, comme le démérite de la violer.

Ainsi, en résumé, les sociétés d'animaux, dont nous n'avons parlé que pour mieux faire comprendre la nôtre, nous apparaissent comme forcées, s'ignorant elles-mêmes, et par conséquent sans aucune valeur intellectuelle et morale. La société des hommes est libre, ayant conscience de soi, et par conséquent animée d'intelligence et de moralité.

CHAPITRE II.

BASE DE LA PÉNALITÉ.

La loi sociale est de ne pas violer l'intérêt général au profit de l'intérêt individuel. Cette loi a été reconnue par les deux systèmes dont nous avons avons parlé, quoiqu'ils lui accordent une origine différente. L'une et l'autre doctrine lui donnent la pénalité pour sanction extérieure, ou, en d'autres termes, proclament la nécessité de punir celui qui viole la loi ; mais ici encore elles s'appuient sur des motifs différents et analogues aux différents principes qu'elles reconnaissent à la société elle-même.

D'après la doctrine de l'intérêt, des hommes animés par leur seul intérêt personnel, et qui cependant aiment mieux partager entre eux que de prendre chacun à proportion de leur force, se sont réunis en majorité. Une fois admis ce premier fait contradictoire et inexplicable, le reste se comprend facilement. Cette majorité a la force en main, puisqu'elle a le nombre pour elle, et elle frappe quiconque ne se soumet pas à ses lois. Vous blessez un taureau : il se retourne et vous blesse ou vous tue. Rien n'est plus facile à concevoir, ni plus difficile à empêcher. Il n'y a là ni droit ni justice à discuter, mais un fait matériel et irrésistible. Le coupable est

un homme qui joue contre la société : s'il subit la
peine, c'est qu'il a mal joué, et il ne doit éprouver
d'autre sentiment que le dépit d'avoir perdu la
partie.

Ne découvre-t-on pas encore ici l'inexactitude de
la doctrine de l'intérêt? Est-il vrai qu'au moment
où le coupable se trouve atteint, la société croie seulement avoir bien fait son jeu? Non certes; elle n'é-
prouve pas alors la joie maligne d'un joueur habile;
elle a conscience d'accomplir, en punissant, un acte
plus saint qu'un tour d'adresse, et le condamné n'est
pas regardé comme un simple maladroit. Il y a
une grande différence entre notre mauvaise humeur
contre ceux qui nuisent sans le vouloir, et notre
indignation contre ceux qui nuisent à dessein. Si la
société ne faisait que punir le mal qu'on lui fait, elle
aurait le même châtiment pour l'homme qui tue
par imprudence et l'homme qui assassine par intérêt. Et pourtant cette société, qu'on suppose uniquement matérielle, et sensible uniquement aux
atteintes physiques, entre dans le for intérieur des
consciences ; elle se mêle des intentions ; elle punit
le mauvais vouloir, quoiqu'il n'ait produit aucun
mal, et excuse le mal quand il n'est pas accompagné
d'une mauvaise volonté. Bien plus, le coupable lui-
même, au moment où la justice le châtie, sent que
la peine est autre chose qu'une revanche; il ne peut
entièrement étouffer en lui une voix qui murmure
que son châtiment est légitime; et, au fond, il est
d'accord avec la main qui s'est appesantie sur lui.

La doctrine de l'intérêt ne rend point compte de tous ces faits incontestables. Celle du devoir les explique seule, et même en démontre la nécessité. Voici, selon moi, ce qu'elle découvre dans l'examen de l'intelligence humaine : L'homme placé en face de l'intérêt général conçoit, par une loi irrésistible de son entendement, qu'il est bien de se soumettre à cet intérêt, et que nul ne doit l'immoler au sien propre. Mais s'il est juste de respecter l'ordre social, il est juste que la société se fasse respecter et se défende contre les attaques de l'égoïsme. Nos devoirs envers elle fondent ses droits sur nous. Ici la défense de la société n'est plus le fait du plus fort, comme dans la doctrine de l'intérêt : c'est un droit légitime proclamé par la raison ; et ainsi compris, le salut commun n'est plus seulement utile, il est juste.

Ce n'est pas tout : l'homme, en concevant qu'il est bien de se soumettre à l'intérêt général, conçoit aussi, par une loi nécessaire de son intelligence, que celui qui viole l'intérêt de tous pour le sien fait mal, que celui qui fait mal mérite le mal, et qu'il est juste que mal lui arrive. Les deux idées de *mal moral* et de *châtiment mérité* s'appellent l'une l'autre et sont inséparables dans notre intelligence, comme les idées métaphysiques de *cause* et d'*effet*, de *modification* et de *substance*.

« La première loi de l'ordre (dit M. Cousin « dans son bel argument du *Gorgias* de Platon) « est d'être fidèle à cette partie de la vertu qui se « rapporte à la société, savoir, la *justice*. Mais si

« l'on y manque, la seconde loi de l'ordre est d'ex-
« pier sa faute, et on ne l'expie que par la puni-
« tion ».

Ainsi, à la vue d'un méfait, il s'élève dans notre
intelligence un jugement qui déclare l'acte coupable
et digne d'un châtiment, c'est-à-dire d'un mal re-
tombant sur le malfaiteur. Et, parallèlement à cet
acte de la raison, il naît en nous un sentiment vif et
poignant qu'on nomme *indignation*, et qui appelle
aussi la peine sur le coupable, mais d'une voix plus
haute et plus impatiente. Ce jugement et ce sentiment forment ce qu'on désigne sous le nom de *conscience publique*. Infligez le châtiment mérité, elle
est satisfaite ; refusez de punir, le genre humain,
dont vous repoussez la voix, ne comprend plus rien
à ce monde.

« Dans l'intelligence, dit encore M. Cousin,
« à l'idée d'injustice correspond celle de peine, et
« quand l'injustice a eu lieu dans la sphère sociale,
« la punition méritée *doit* être infligée par la société.
« La société ne le peut que parce qu'elle le doit. »

En conséquence, d'après cette dernière doctrine,
qui me paraît être l'analyse exacte de l'intelligence
humaine, la pénalité repose sur deux bases, un
droit et un devoir : 1º défendre la société par un
châtiment qui soit redoutable au plus grand nombre; 2º accomplir le principe de mérite et de démérite, qui veut que bien soit fait au bon et mal au
méchant.

Dans le système de l'intérêt, on niait ce témoignage de la conscience qui réclame le châtiment du coupable non pas seulement parce qu'il a nui, mais parce qu'il a démérité. La défense de la société devenait le simple fait de la force, et fondait à lui seul la pénalité tout entière ; la peine n'avait plus de côté moral : c'était un acte purement physique, et dont on pouvait s'abstenir si l'on voulait.

D'après la doctrine du devoir, la défense de la société reprend son caractère de droit légitime et sacré, mais ne joue pas le rôle principal de la pénalité. La première place appartient au principe de juste répartition ou de mérite et de démérite, lequel demande qu'il soit fait à chacun selon ses œuvres, et le châtiment devient une conception de la raison, une nécessité morale dont il n'est pas permis de s'affranchir.

Ainsi reconnues l'origine et la nature du droit de punir, abordons sur ce terrain la question spéciale de la peine de mort.

CHAPITRE III.

DE LA PEINE DE MORT DANS LES TEMPS ANTÉRIEURS A
NOTRE ÉPOQUE.

Tout ce qu'il y a, selon moi, d'immuable et d'u-
niversel dans la pénalité, ce sont les deux principes
rationnels dont j'ai parlé, et qui veulent, l'un, que
le mal soit puni, pour satisfaire à la conscience publique, l'autre, que la société soit défendue contre
les mouvements de l'égoïsme. Dans tous les temps
et dans tous les lieux, ces principes seront également vrais, également obligatoires, parce qu'ils
font partie de la raison, qui ne change pas. Mais la
peine ou le degré de mal physique qu'on infligera
au méchant, pour accomplir ces deux principes, se
trouvera nécessairement soumis à toutes les varia-
tions du monde physique, et ne pourra partager
l'honneur d'une fixité éternelle. Cette peine ne de-
vra pas contenir plus de mal qu'il n'en faut pour
remplir la double obligation qui lui est imposée ;
mais elle contiendra légitimement tout le mal nécessaire pour châtier et protéger, et aussi bien la
mort que tous les autres maux, si ce mal est reconnu
indispensable : car nul ne doute que la mort ne

2

devienne un droit en cas de légitime défense. Cela
posé, examinons les faits.

Beccaria se trompe évidemment quand il avance
que jamais les lois n'ont été l'ouvrage d'un sage ob-
servateur de la nature humaine, qui ait dirigé les
actions de la multitude vers le bien-être du plus
grand nombre. Il n'a oublié que Lycurgue, Solon
et beaucoup d'autres. Si l'on étudie avec soin les
circonstances dans lesquelles ont vécu ces grands
hommes, on reconnaîtra que, leur pays étant par
nécessité contraint à la guerre, ils lui ont donné les
meilleures institutions qu'il fût possible de concevoir
alors, et que leur seul tort, comme celui de leurs
imitateurs, fut de croire leurs lois applicables à
tous les temps, sans songer que d'autres circonstances
pouvaient amener d'autres combinaisons sociales.
N'ayons pas trop d'orgueil, et ne regardons pas la
raison comme le partage exclusif de nos temps; mais,
respectant les grands noms que nous oppose l'antiquité, cherchons à nous expliquer comment, chez
les Grecs, les deux illustres philosophes que j'ai
nommés, et après eux, chez les Romains, Numa, les
législateurs des Douze Tables et les préteurs, enfin,
dans les temps modernes, Charlemagne, saint
Louis, Louis XIV, ont établi ou laissé subsister
dans leurs codes non seulement la peine de mort, mais
encore des supplices qui l'aggravaient.

Jetons les yeux sur la Grèce et sur Rome, ces
deux nations qui marchent à la tête de la civilisation antique. Dépouillons-les des masques de théâtre

dont on a déguisé leurs traits ; écartons quelques
héros placés au premier plan et dont les brillantes
figures nous cachent le fond obscur de la scène : que
voyons-nous? Dans la nuit de ces temps nommés
héroïques, des peuplades errantes couvrent le territoire de la Grèce. Quand l'une a épuisé les dons
spontanés de la terre où elle est campée, elle se lève
en masse et va se jeter sur les peuplades voisines.
La vie de tous les jours, c'est la guerre, la misère, et
la faim, plus meurtrière encore que les combats.
Mais une de ces populations s'arrête dans un coin
de l'Attique, puis une autre dans le Péloponèse ;
elles se groupent autour d'un point qu'on signalera
plus tard sous le nom d'Athènes ou de Sparte, et
où s'illustreront un jour une poignée de grands
hommes. Mais, pendant une longue suite de siècles,
les citoyens ne peuvent encore quitter les armes ;
ils sont à chaque instant victimes soit des peuplades encore vagabondes ou mal assises, soit des pi-
rates qui viennent faire du butin, et qui massacrent
les habitans ou les emmènent en esclavage. Des ca-
davres sont partout semés dans la campagne. Ceux
qui échappent au carnage se traînent tout mutilés.
Les femmes sont en proie à la force ; l'épouse ne
peut jamais compter sur les jours de son époux, ni
la mère sur la vie de ses fils. Le feu vient aider le
fer dans ses carnages. Les toits de chaume et les
maisons de bois s'enflamment et brûlent avec les
habitans.

Maintenant, si quelque membre de cette société

2.

malheureuse , au lieu de la défendre, se tourne aussi
contre elle, et, par intérêt ou par vengeance, augmente
le nombre des pillages , des incendies ou des meur-
tres, comment allez-vous le punir ? Il faut que vous
apaisiez le murmure de la conscience publique ;
il faut que vous défendiez l'intérêt général par
l'exemple du châtiment ; et pour cela il faut appa-
remment infliger à l'assassin et à l'incendiaire plus
de mal que n'en éprouvent ceux qui n'ont pas démérité. Eh bien! dans le misérable état de cette société naissante , vous avez vu la mort se multiplier
sous chaque pas de l'innocent : comprenez donc
maintenant comment la mort, cet événement si
commun et si vulgaire , avec lequel on est alors si
familiarisé , peut se prodiguer dans la loi pénale ;
et comment même, lorsque le trépas frappe en si
grand nombre les citoyens non coupables , il ne peut
suffire pour châtier les criminels, et veut souvent
être accompagné par des souffrances de plus. Lycurgue vous paraissait barbare, parce qu'il joignait
au supplice de mort les poignantes angoisses de la
faim , ou qu'avant de faire périr le coupable il dé-
chirait ses membres sous les coups sanglants du
fouet ; vous frémissiez à l'idée seule de Dracon, qui
avait multiplié la mort dans ses lois : la rigueur
de leurs temps doit vous faire comprendre ces
hommes.

On peut s'expliquer aussi, par les souffrances iné-
vitables et les trépas fréquents d'une pareille époque,
non seulement cette résignation à la fatalité que

nous retrouvons de nos jours chez les peuples misé-
rables, mais encore ces sacrifices humains et même
ces féroces dévouements qui nous étonnent au milieu de notre vie douce et tranquille, mais qui alors
devaient moins ressortir sur la teinte des événements vulgaires. A Sparte, avant Lycurgue, des
victimes humaines étaient, si l'on en croit Pau-
sanias, immolées devant la statue de Diane Orthye ;
et le législateur rendit la vie misérable par système,
pour aguerrir d'avance les citoyens contre les misères
que leur réservait l'inévitable destin. Voilà pourquoi, sans réveiller la sensibilité publique, les enfants étaient battus de verges aux pieds de cette
même Diane, souvent jusqu'à ce qu'ils fussent cou-
verts de sang ; voilà pourquoi on les lançait les uns
contre les autres dans l'île des Platanes, sans que les
cœurs, endurcis par la douleur et le spectacle habi-
tuel du trépas, fussent révoltés de les voir se déchirer, comme des bêtes féroces, avec les ongles et les
dents.

Il est aux déserts de l'Amérique méridionale des
peuplades d'Indiens sauvages. Par les souffrances
qu'ils endurent chaque jour, ces malheureux n'ont
aucune horreur des tortures qu'ils infligent à leurs
ennemis prisonniers. Ils leur coupent les pieds, leur
arrachent la langue, et leur font de profondes en-
tailles dans les membres. Mais comme par repré-
sailles, quand la chance de la guerre tourne contre
eux, ils sont soumis aux mêmes supplices, on les
voit élever leurs enfants dans de cruelles mutila-

tions, pour les endurcir d'avance aux tourments qui les attendent (1).

C'est la même histoire que celle des Spartiates; mais l'une et l'autre nous paraîtront beaucoup moins *héroïques* si nous envisageons le point d'où partent ces deux peuples pour s'imposer de pareils tourments, et non le point d'où nous partirions nous-mêmes dans notre heureuse société.

Quant à la nature des peines chez ces Indiens de l'Amérique, j'ignore ce qu'elle est; mais on peut prévoir que, s'ils veulent punir parmi eux un grand crime, ce ne doit pas être d'une simple mort, encore moins d'un emprisonnement.

Au Japon, le peuple est si familiarisé par les misères de sa vie avec les souffrances physiques, qu'il s'ouvre le ventre pour plaire à ses dieux, pour donner plus de poids à un serment, enfin, comme le dit Montesquieu, pour la moindre fantaisie. On concevra sans peine alors que le simple mensonge en justice y soit puni de mort, ainsi que l'acte d'exposer de l'argent au jeu, et que des tortures deviennent nécessaires pour châtier et prévenir les grands forfaits.

Trois siècles après Lycurgue, du temps de Solon, les désastres, devenus plus rares dans la Grèce, sont loin pourtant d'avoir disparu. A chaque instant la

_____

(1) Voyage du capitaine Head au Pampas et aux Indes. Londres, Murray, 1826.

culture est interrompue ou foulée aux pieds par la
guerre, soit étrangère, soit civile ; et le sol n'offre
aux habitants que la famine. L'art n'a trouvé aucune ressource pour lutter contre les injures de l'air
et le fléau des maladies. Les contagions engendrées
par l'ordure et la misère abattent les animaux et les
hommes dans le Péloponèse et dans l'Attique ; enfin
le trépas vole encore sous mille formes autour de
cette société mal affermie. De là si la peine de mort
n'est plus nécessaire pour punir les simples délits,
elle ne peut suffire encore contre les grands crimes :
car, je le répète, pour satisfaire à la conscience publique, et défendre la société, il faut que ceux qui
font mal souffrent plus que ceux qui font bien. Aussi
n'inflige-t-on pas alors aux grands coupables la simple perte de la vie : on y ajoute ou le feu, ou la
roue, ou les lapidations ; et d'autres fois le criminel
est jeté dans un gouffre ou précipité d'une tour, pour
qu'au supplice de la mort se joigne le supplice de
l'effroi.

Si nous arrivons aux Romains, le talion, la ha-
che et les verges, le robur, la roche Tarpéienne, les
gémonies, voilà le sort réservé dans les premiers
temps aux malfaiteurs. Mais c'est qu'alors les hommes de bien meurent de faim sur la place publique,
sont traînés dans les fers, ou déchirés par les créan-
ciers patriciens, qui se partagent les membres du
débiteur après s'être partagé son champ. Le père est
réduit à vendre ses fils, parce qu'il ne peut les nour-
rir : des brigands viennent jusqu'aux portes de la

ville enlever les Romains pour les vendre esclaves
aux barbares; les citoyens périssent massacrés dans
les séditions; et tous ces maux ne sont suspendus
que par une guerre sans cesse renaissante, qui vient
apporter d'autres maux.

Deux ou trois siècles après, la mort n'est plus
aggravée par des supplices; mais on la prononce
encore contre les crimes publics, et nous voyons les
nombreux partisans des Gracches étranglés dans
leur prison. C'est que, si la république ne voit plus
chaque année la guerre à ses portes et dans ses pro-
pres entrailles, si elle n'est plus menacée dans son
existence, elle est loin d'assurer quelque bonheur
aux citoyens. Rome est épuisée par des guerres lointaines, traversée souvent par des troubles civils qui
amoncellent les ruines dans l'état, et, comme le dit
Salluste, « le peuple est accablé par l'indigence et la
« guerre; et, quand les plébéiens sont occupés à com-
« battre, leurs enfants se voient chassés du patrimoine
« par des voisins plus puissants ». Aussi une peine non
sanglante ne serait-elle pas encore une peine grave en
comparaison des maux qui pèsent sur les innocents!

Enfin, sous les empereurs, il est encore des peines capitales; mais le peuple est encore à l'aumône
des grands, et les combats de gladiateurs nous at-
testent la dureté de son existence par la férocité de
ses plaisirs.

Au moyen âge, en France, nous retrouvons dans
les supplices la rigueur de l'antiquité; mais nous retrouvons aussi les mêmes misères. L'irruption tu-

multueuse et sanguinaire des barbares; la lutte des premiers conquérants contre des conquérants nouveaux; les guerres intestines soulevées par Brunehaut et Frédégonde, par les maires d'Austrasie et de Neustrie; le débordement des Sarrasins; les populations frankes et saxonnes heurtées et brisées l'une contre l'autre; le déchirement de l'empire sous les dissensions des fils de Louis-le-Débonnaire; le pillage et le massacre marchant dans toutes les campagnes devant les hordes des Normands; enfin les querelles meurtrières, soit de la couronne et des vassaux, soit des vassaux entre eux; les ravages dans chaque campagne, les pillages dans chaque ville, les siéges devant chaque château : voilà les scènes qu'il faut traverser du cinquième au onzième siècle; voilà les éléments du bonheur public; voilà sur quelle base il faut asseoir l'échelle de la pénalité.

Jusque là, pour la France, la question a été d'être ou de n'être pas; elle s'est vue attaquée dans son existence tout entière, et pas un de ses membres n'a été exempt de souffrance. Elle commence à s'affermir sous les premiers des Capets. Mais les guerres lointaines succèdent aux guerres intérieures, et apportent aussi leurs plaies. Les croisades soulèvent de nouveau les masses populaires, et les empêchent de s'asseoir autour des travaux pacifiques. Bientôt on embrase la Normandie, on égorge les Albigeois; puis la France est de nouveau ébranlée dans sa base par l'Angleterre, dont elle soutient le combat sur son propre territoire, lorsque ses maux sont aggra-

vés encore par les désordres de la Jacquerie et les
fureurs des Armagnacs et des Bourguignons. Aussi
voici le tableau que nous trouvons vers la fin du
quinzième siècle dans les cahiers des états-généraux
de 1484 : « Le peuple est chassé de ses maisons dé-
« vastées par les gens de guerre ; il court sans sub-
« sistances dans les bois. Le laboureur, à qui l'on
« prend ses chevaux, attelle à la charrue sa femme
« et ses enfants.....; d'autres, réduits au désespoir,
« égorgent leur famille et s'enfuient. »

Enfin les expéditions de Naples et de Milan ; la
rivalité de Charles-Quint et de François Ier ; les
massacres de religion ; les prises d'armes de la Ligue
et de la Fronde ; les guerres de Hollande, d'Alle-
magne et d'Italie : tels sont les événements qui nous
conduisent vers la fin du dix-septième siècle. Il ne
faut donc pas nous étonner qu'alors, et sous le dôme
doré qui couronne le sommet de l'état, le reste de
l'édifice soit encore ouvert à tous les genres de
fléaux. Le peuple est accablé d'impôts, et n'a pour
les payer que la misère ; il ne vit que d'aliments
grossiers, et dont la rareté suffit mal à sa faim.
Dans les villes, il habite des cloaques impurs ; et
dans les campagnes des huttes de terre et de boue ;
il y reste accroupi au milieu des ténèbres et de la
fumée, ou dans les souffrances de la famine et du
froid. Des animaux immondes lui disputent la paille
où il cherche un dur sommeil, et enfin la fièvre et
les pestilentielles maladies enlèvent les trois quarts
de l'enfance et la moitié de l'âge mûr. Maintenant

si quelqu'un de ces hommes, pour augmenter sa part aux dépens de ses compagnons d'infortune, assassine toute une famille ou met le feu à tout un hameau, croirez-vous le punir en l'enfermant dans une maison pénitenciaire ? Ce serait le récompenser.

Un officier européen voulut dernièrement appliquer les peines de notre discipline aux Arabes qu'il commandait; il les envoya aux arrêts. Mais il s'aperçut bientôt que les fautes devenaient plus fréquentes, et que le prétendu châtiment était une fête pour l'Arabe, qui savourait avec délice son oisive captivité.

Reconnaissons donc cette terrible vérité : le serf du moyen âge et l'affranchi du seizième ou dix-septième siècle n'auraient pas, après un crime, regardé la prison comme un châtiment bien redoutable, puisque la mort était chaque jour sur le seuil de leur porte ou assise sous leur toit.

Mais remarquons que depuis le douzième siècle, et surtout depuis le quinzième, époque où la France avait tout-à-fait cessé d'être le théâtre de la guerre, la mort n'avait plus besoin d'être infligée par un supplice cruel, et que, dans le plus grand nombre des cas, on cherchait à la préserver de toute souffrance. C'était déjà une révolution.

Le mal s'apprécie par comparaison, et la pénalité doit se régler et se règle en effet, quant à sa mesure physique, sur l'état physique de la classe qu'elle veut frapper. Cela est si vrai que, tant qu'une société con-

tient des classes fixes et nettement prononcées, dont
la condition matérielle est tout-à-fait différente,
il s'établit par suite deux codes de peines tout-à-fait
différents. Chez les Grecs et chez les premiers Romains, la classe la plus nombreuse ou les esclaves
étaient réduits à un sort si rigoureux, que la loi n'en
demandait pas plus de compte au maître que des
bœufs ou des chevaux de sa terre, et laissait à celui-
ci le soin d'inventer leur châtiment. Plus tard, à
Rome, une loi permit l'exil aux condamnés ; mais
on ne la laissa profiter qu'aux premiers citoyens de
l'état, et jamais aux plébéiens ni aux esclaves. Du
temps des empereurs, la loi *Cornelia* sur les meur-
tres et les faussaires, la loi *Julia* sur le sacrilége, la
loi *Fabia* sur les voleurs d'esclaves, portaient des
peines diverses, selon le rang des coupables ; et, au
moyen âge, le noble était puni dans son honneur et
dans ses biens, et le villain dans sa personne.

Il ne faut pas regarder ces faits avec nos yeux
d'aujourd'hui, si jaloux de l'égalité devant la loi, et
à juste titre, puisque les classes deviennent de plus
en plus égales. Dans ces temps de souffrance, certains ordres pouvaient être déjà contenus par des
peines adoucies : pourquoi les aurait-on soumis à
plus de rigueur? Si la condition des autres classes
était plus dure, c'était par la force des choses, et non
par un vice de la loi. Comprenons mieux la marche
que suit le développement des sociétés. C'est seulement après les travaux d'une longue suite de siècles
que le bien-être peut pénétrer dans la masse de la

nation. Il faut qu'avant de parvenir à la multitude, il arrive d'abord au petit nombre, comme la sève qui monte dans le tronc avant de passer aux extrémités des branches. C'est là un fait naturel et nécessaire, contre lequel on ne doit pas avoir de courroux. Les lois les plus empreintes de nos idées de liberté et d'égalité ne pourraient subitement élever un peuple barbare à la prospérité actuelle du peuple français ou anglais. Quand vous ordonneriez aux seigneurs russes de diviser immédiatement leur fortune entre les paysans asservis; quand vous prescririez aux riches du Chili ou de toute autre république de l'Amérique méridionale d'appeler le peuple au partage de leurs biens, ce n'est pas ainsi que vous répandriez la richesse sur toute la masse populaire, et que vous adouciriez sa condition. Cette petite portion de vie, accumulée sur un point, disparaitrait disséminée dans le tout. Il faut bien d'autres efforts pour enrichir une population entière. Il faut avoir vaincu sur une vaste étendue les obstacles du terrain et du climat; il faut, avec les secours de cette première culture, attaquer les autres points du sol, promener ainsi la main de l'homme sur les diverses contrées, et répartir également les travaux dans toutes les parties du territoire. Et de combien de siècles n'aurez-vous pas besoin pour arriver à ce premier triomphe! Il faudra ensuite partager les travaux pour en varier et multiplier les produits; joindre les tributs de l'industrie aux tributs de l'agriculture; puis établir des communications faciles et nombreuses;

payer des routes, construire des ponts et creuser des
canaux ; et, pour tout cela, avoir répandu à flots
l'instruction populaire, avoir approfondi les sciences, et avoir fait des résultats et des axiomes pro-
clamés par les savants une sorte de monnaie vulgaire qui circule et s'échange partout. Et combien
de fois la guerre ne vient-elle pas interrompre la série de ces travaux, détruire un commencement de
richesse, ainsi que les instruments et les hommes qui
la produisaient, et retarder ou faire rétrograder une
nation de deux ou trois cents ans. Avant qu'on ait
pu consolider et développer ainsi la société à l'aide
des siècles, les classes guerrières qui sont à la tête de
l'état, soit comme fondatrices de la nouvelle cité,
soit comme protectrices des travaux, doivent nécessairement en recueillir les premiers fruits, et le bien-
être de la nation commence par elles. Si vous voulez
de suite les dépouiller de leurs priviléges et fonder
l'égalité, vous n'arriverez à aucun résultat, de même
que vous ne remplirez jamais un vase si vous ne
consentez pas à ce que le fond soit d'abord seul cou-
vert de la liqueur. Or, pendant tout le temps qui
précède l'entier développement de la société, la pénalité trouvant dans la jouissance physique de cette
première classe un autre point de départ que dans
les ordres inférieurs, l'échelle des peines sera moins
étendue pour elle, et l'on négligera tous les degrés
qui portent des supplices sanglants.

Mais, après quelques siècles, les guerriers, pro-
tecteurs et maîtres du sol, s'apercevront que, s'ils

veulent provoquer une production plus étendue, il
leur faut faire une plus large part aux travailleurs,
afin d'animer les travaux; et alors les esclaves s'af-
franchiront, les priviléges seront accordés aux corporations et aux communes. Et quand les heureux
fruits de cette révolution auront été recueillis, il
faudra, pour aller plus loin, étendre et multiplier
les priviléges; et de même que les seigneuries avaient
vu affranchir les serfs, les corporations verront affranchir les ouvriers, ce qui amènera l'égalité et le
concours de tous les efforts. Alors il y aura une plus
grande production, les fruits du travail seront mieux
répartis, et le bien-être aura pénétré jusqu'aux
extrémités du corps social.

C'est alors qu'au lieu de ces grandes classifications
d'hommes si nettement tranchées autrefois, et qui
partageaient la société en deux rangs, dont l'un offrait l'extrême opulence et l'autre l'extrême misère,
on aura vu s'établir de simples subdivisions, dont
les nuances se confondront de proche en proche, et
qui seront facilement accessibles de l'une à l'autre;
c'est alors que, les hommes se ressemblent de plus
en plus par leur situation physique et morale, vous
pourrez prononcer des peines égales pour tous; et
pour cela il faudra, non pas faire redescendre les
classes élevées vers la pénalité rigoureuse des dernières classes, mais faire monter celles-ci vers la
douceur des peines qui suffisaient contre les premières.

En reportant nos yeux sur le passé, nous avons

vu une première époque où , pour satisfaire à la conscience publique contre les grands crimes , la peine
de mort devait être aggravée par des supplices , et
un second période où elle suffisait seule. Une classe
peu nombreuse échappait à la nécessité d'un si redoutable châtiment. Examinons si de nos jours une
troisième époque , c'est-à-dire une troisième amélioration dans le sort général , ne permet pas d'aller
plus loin ; et si , la peine de mort pure et simple ayant
remplacé les supplices , on ne pourrait pas la remplacer à son tour par le châtiment qui la suit dans les
codes , et étendre à toutes les classes cette bienfai-
sante révolution.

CHAPITRE IV.

DE LA PEINE DE MORT A NOTRE ÉPOQUE EN FRANCE.

Je retraçais tout à l'heure par quelle marche un peuple arrive à un état de prospérité générale. Ce tableau nous amène naturellement à nos temps. C'est aujourd'hui et surtout en France que ces progrès successifs et lents sont accomplis. Par une révolution entièrement consommée aujourd'hui, mais qui était en pleine activité dès le quinzième siècle, puisque dès lors la féodalité était battue en ruine par le grand nombre des affranchissements et la multiplication des maîtrises, la propriété et l'industrie, condensées entre un petit nombre de privilégiés, se sont éclatées pour ainsi dire, et sont retombées dans une multitude de mains. De là les défrichements ont été portés dans toutes les directions ; de nouvelles cultures ont été introduites ; la fabrication et le commerce, ayant pris un immense développement, ont amené le travail et l'aisance là où ni l'un ni l'autre n'avaient jamais pénétré. De plus, par une pente inévitable de l'économie industrielle, qui tend toujours à faire rester une plus grande part de la valeur des produits entre les mains des producteurs, le prix de la main-d'œuvre s'est augmenté à la ville comme le prix de la journée de travail à la campagne, et dans une

5

proportion bien plus élevée que l'augmentation du prix des denrées. Aussi, malgré des crises passagères, les nombreuses familles d'artisans et de laboureurs jouissent d'un sort plus heureux qu'autrefois ; elles sont mieux logées et mieux nourries ; les villes se sont assainies ; les maisons des hameaux connaissent les portes et les fenêtres, le jour y a pénétré, et la propreté avec lui. Les fièvres et le fléau de la petite-vérole se retirent de plus en plus ; la durée moyenne de la vie, qui, en l'année 1780, était de vingt-huit ans, s'élève maintenant à trente-six, et tend à dépasser cette limite. Enfin, pour dernier perfectionnement, l'amélioration des instruments de la culture, l'introduction des machines dans la fabrication, ont demandé des efforts moins pénibles et moins grossiers, plus de combinaisons intellectuelles, plus d'activité dans le raisonnement ; et la classe des travailleurs, presque abrutie par des travaux corporels qui ressemblaient à des peines afflictives, se relève et voit par là encore adoucir sa vie physique et agrandir son intelligence.

Telle est l'amélioration remarquable qui a changé entièrement chez nous la classe nourricière et productrice, c'est-à-dire la classe la plus nombreuse, la classe fondamentale de l'état. C'est encore une propriété particulière à la société humaine que cette marche progressive par laquelle elle se développe et se perfectionne d'âge en âge. A quelque époque qu'on ait observé une société de castors, on l'a toujours trouvée égale à elle-même. Le premier jour,

elle en savait autant qu'elle en sait aujourd'hui.
Notre société au contraire, selon les divers temps
où nous la considérons, présente des phases diverses;
et si, négligeant les localités, on embrasse l'espèce
humaine tout entière comme une grande nation
dont la capitale change de place, on est obligé de
reconnaître une amélioration successive dans les
révolutions amenées par le temps. En effet, dans toute
l'antiquité, la classe des travailleurs était esclave.
La classe militaire, ou les maîtres, avaient sur eux
droit de vie et de mort. Dans le moyen âge, aux
esclaves avaient succédé les serfs, dont la vie n'ap-
partenait plus aux seigneurs, et qui avaient déjà
plus de part aux bénéfices du travail. Ensuite vint
le jour des affranchissements; puis enfin la libre
concurrence du travail et l'augmentation toujours
croissante du salaire des travailleurs. C'est cette faculté de perfectionnement qui permet de remettre
ainsi en question, aux différents âges, ce qui semblait jugé depuis long-temps; c'est par là qu'il est
possible de rejeter sagement ce qu'avait adopté l'é-
poque précédente avec non moins de sagesse.

Cette vérité répond d'avance à ceux qui craignent
les changements et à qui la seule existence d'une
institution paraît une bonne raison pour la conserver éternellement.

La masse du peuple est donc maintenant en
France beaucoup plus heureuse qu'autrefois. En
conséquence, pour accomplir le principe de mérite
et de démérite, c'est-à-dire pour que le coupable

ait un sort plus rigoureux que l'innocent, il n'est plus besoin de déployer tant de rigueur; l'indignation publique est satisfaite à moins de frais. D'un autre côté, l'effet produit par un affreux supplice, au sein d'une affreuse existence, sera obtenu de même par une peine moins grave, au sein d'une vie plus douce; et le mal se jugeant par comparaison, la main qui voudrait commettre un crime n'en sera pas moins contenue.

Ainsi, châtier le coupable et défendre les bons, tel est, je le répète, le double but de la pénalité. Tant que ces deux résultats ne peuvent être obtenus que par la peine de mort, elle est légitime, comme les principes qui fondent la légitimité des peines; elle n'est plus que monstrueuse, si le même but peut être atteint par un châtiment plus doux.

Toute la question est donc de savoir si le sort de la masse populaire est assez amélioré pour qu'on puisse descendre un pas dans l'échelle de la pénalité, comme on l'a déjà fait en supprimant les supplices qui aggravaient la peine capitale; en d'autres termes, il faut examiner si les effets qu'on a obtenus par la peine de mort pure et simple, bien qu'elle fût une innovation, peuvent être atteints aujourd'hui par le châtiment qui la suit immédiatement dans les codes.

La question ainsi posée est une question de fait, et ne peut être résolue que par une expérience.

Or cette expérience s'est déjà faite en des pays étrangers, où les circonstances étaient bien moins favorables que parmi nous. Je ne dirai point que,

dès la fin du dix-huitième siècle, Élisabeth et Ca-
therine II avaient cru pouvoir abolir la peine de
mort dans leurs vastes états. On pourrait objecter
que, sous ces deux impératrices, le supplice du
knout, dans lequel le coupable succombait presque
toujours, équivalait à la peine de mort. Mais que
l'expérience soit considérée comme n'ayant pas été
faite, ou même comme n'ayant pas eu de succès en
Russie, la destinée des serfs russes, quelque douce
qu'on la suppose à la fin du dix-huitième siècle, est
loin de pouvoir se comparer au sort actuel du peuple français, et rien ne prouve que le même essai ne
doive pas réussir aujourd'hui dans notre patrie, ni
surtout qu'on ne doive pas le tenter.

Une expérience plus concluante eut lieu aussi dans
le dix-huitième siècle sur le duché que gouvernait
Léopold. La condition commune était là plus analogue à celle de la France, et la suppression de la
peine de mort n'y produisit aucun fâcheux résultat.
Mais, dira-t-on peut-être, Léopold, n'ayant à régir
qu'un territoire très borné, pouvait exercer une surveillance active, réparer tous les maux, admettre
toutes les améliorations, et n'avoir plus à punir des
crimes qu'il avait su prévenir par son administration paternelle.

Rien n'empêche, répondrai-je, de donner à la
France une plus forte organisation municipale, qui,
disséminant les centres d'action et de perfectionnement sur les diverses localités, rapproche les admi-
nistrateurs des intérêts des administrés, rende plus

faciles les soins de surveillance et de direction, et renouvelle ainsi la paternelle administration de Léopold.

Enfin récemment l'expérience vient d'être encore répétée dans la Louisiane et en Finlande. La peine de mort a été supprimée dans le premier de ces deux pays, conformément au projet de code présenté par M. Livingston; et, depuis trois ans que cette mesure est adoptée, il ne paraît pas qu'on ait encore eu lieu de s'en repentir.

Nous pensons donc qu'on doit tenter le même essai en France. C'est là surtout que les circonstances appellent et favorisent un aussi heureux changement; c'est là qu'on peut sans illusion espérer le succès.

Tous les faits s'enchaînent et se lient pour améliorer chaque jour et relever la classe populaire. Il y a plus de travail qu'autrefois; une plus grande part de ses fruits reste dans les mains des travailleurs, et l'aisance se répand sous leur toit. Cet heureux sort inspire le goût du travail qui le fait naître et de l'ordre qui le fait durer. L'ordre et le travail amènent à leur tour la douceur de caractère, et celle-ci la douceur des habitudes et des mœurs. A la vie bruyante et désordonnée que les ouvriers menaient dans les tavernes succède, pour un assez grand nombre, une vie d'intérieur au sein de leur famille, où ils entretiennent la paix. Ils se détachent de ces plaisirs grossiers qui sont des vices, et deviennent plus sensibles aux simples émotions de la nature, aux jouissances de père et d'époux. Leur intelligence, plus développée, contribue aussi à les dégoûter des sensations purement matérielles. Il leur faut des récréations plus délicates. C'est ainsi qu'en Angleterre les ouvriers forment entre eux des associations pour se livrer en commun au plaisir de la lecture et de l'étude. Les tavernes sont désertées pour les bibliothèques; et tel ouvrier trouve maintenant un charme plus exquis dans la recherche et la solution d'un problème de mécanique qu'il n'en saurait rencontrer dans tous les rouges-bords qui faisaient jadis sa joie. Pour appuyer par des preuves ce perfectionnement intellectuel et le perfectionnement moral qui en résulte, je rapporterai un fragment de l'enquête faite, en 1824, par le parlement d'Angleterre, sur l'industrie anglaise et française. On y reconnaîtra, d'une manière évidente, les importants progrès qu'ont faits chez les ouvriers, depuis trente ans, les lumières et les mœurs.

FRAGMENT

DE L'ENQUÊTE ORDONNÉE PAR LE PARLEMENT ANGLAIS, EN 1824 (1).

INTERROGATOIRE DE L'INGÉNIEUR GALLOWAY.

Demande. — D'après vos souvenirs au sujet des artisans en général, depuis les trente dernières an-

(1) Traduite en français par Maiseau, A Paris, chez Saute· l, place de la Bourse.

nées, pensez-vous que leur caractère et leur ton se
soient beaucoup améliorés, ou qu'ils soient encore à
peu près ce qu'ils étaient lorsque vous les avez connus dans le principe?

Réponse. — Ils se sont positivement améliorés,
non seulement sous le rapport des connaissances,
mais encore sous celui de la conduite. C'est un fait
évident, au moins dans ma manufacture, quoique
peut-être elle ne puisse servir exactement de règle.
Voici l'usage que j'ai adopté. J'ai reconnu, d'après
la manière dont je dirige mes travaux, au moyen de
dessins et de descriptions écrites, qu'un ouvrier ne
m'est pas fort utile, à moins qu'il ne sache lire et
écrire. Si un ouvrier s'adresse à moi pour avoir de
l'ouvrage, et me dit qu'il ne sait ni lire ni écrire, je
ne lui fais pas d'autres questions, et je l'informe à
l'instant que je ne puis l'occuper. Mais, s'il sait lire
et écrire, voici les autres questions que je lui adresse:
« D'où venez-vous? Qui êtes-vous? Pouvez-vous
« produire un bon certificat? » S'il ne satisfait pas
à ces demandes, je ne l'emploie pas. Par ce moyen,
j'ai introduit dans mes ateliers un degré de bonne
conduite tel, qu'il règne parmi mes ouvriers autant
de bon ordre et de régularité que dans les classes les
plus élevées de la société. Je ne permets pas un lan-
gage obscène et grossier dans ma manufacture. Les
ouvriers mettent eux-mêmes à l'amende ceux d'entre eux qui se conduisent mal. En général, leur caractère s'est amélioré; et j'ai constamment reconnu
que les hommes qui sont le plus instruits ont tou-

jours été ceux qui se sont le mieux conduits, et qui se sont le plus complétement conformés aux réglements de la manufacture. Les ignorants, au contraire, ont été constamment récalcitrants, entêtés, obstinés et difficiles à conduire.

Demande. — N'y a-t-il pas dans ce moment, parmi les ouvriers de vos ateliers et de ceux des autres ingénieurs, un sentiment profond de la grande utilité dont est la science pour accélérer les travaux qu'ils ont à exécuter?

Réponse. — Ils montrent un très grand empressement à s'instruire.

Demande. — A votre connaissance, les artisans ont-ils témoigné dans ces dernières années une disposition plus grande que par le passé à économiser de l'argent en le déposant dans les caisses d'épargne?

Réponse. — Assurément : leur conduite s'est généralement améliorée. Ils sont plus proprement et mieux vêtus ; leurs mœurs sont beaucoup meilleures ; ils sont moins adonnés à l'ivresse qu'autrefois.

Demande. — Savez-vous s'ils font des dépôts dans les caisses d'épargne?

Réponse. — Quelques uns en font. Ils sont certainement plus sobres et plus rangés qu'ils n'avaient coutume de l'être. Le règlement observé dans mes ateliers leur a été soumis, et c'est, par le fait, leur ouvrage presque autant que le mien. C'est le contrat qui les lie, et tout ouvrier nouveau est invité à prendre connaissance de ce règlement avant que je l'emploie. Il y donne son approbation en apposant sa signature sur un registre que je tiens à cet effet.

Demande. — Combien avez-vous d'ouvriers dans votre manufacture ?

Réponse. — Environ quatre-vingts.

Demande. — N'y a-t-il pas en ce moment, dans toutes les manufactures un peu considérables, des règlements qui ont pour but de maintenir la bonne conduite parmi les différents ouvriers qui y donnent leur adhésion à leur entrée dans la manufacture ?

Réponse. — Il en est ainsi *dans la plupart* des grands établissements. Cependant il y en a encore beaucoup qui sont aussi mal administrés qu'il y a trente ou quarante ans ; mais ces vices *disparaissent rapidement.* J'espère que le temps et l'expérience les feront entièrement cesser, et que bientôt les ouvriers seront gouvernés par leur attachement à leur devoir, *suite des lumières qu'ils acquerront,* plutôt que par la crainte et par les préjugés.

Demande. — Parlez-vous des manufactures en général ?

Réponse. — Je parle des artisans, et des mécaniciens en particulier (1).

_____

(1) Le sieur Galloway, étant ingénieur mécanicien, ne peut connaître aussi bien ce qui se passe dans les manufactures d'une autre branche d'industrie, et la réserve qu'il apporte à son témoignage doit le faire regarder comme plus digne de foi.

Demande. — Quelques uns des ouvriers employés par vous reçoivent-ils des secours des paroisses?

Réponse. — *Pas un seul :* mes ouvriers regarderaient cela comme la plus grande injure qu'on pût leur faire, aussi long-temps qu'ils sont en santé et qu'ils sont occupés; et, en cas de maladie, nous avons une caisse destinée à pourvoir aux besoins de l'ouvrier malade. C'est un point très important, parce qu'il assure aux ouvriers des secours dans toutes les vicissitudes possibles, de la manière la plus indépendante et la plus économique.

A cette pièce si importante dans la question qu'il s'agit de décider, j'en vais joindre une seconde, plus notable encore, sur des ouvriers d'une autre industrie et d'une autre ville que ceux dont on a parlé dans l'interrogatoire précédent : c'est la lettre d'un négociant à ses confrères.

LETTRE

DE M. DUGALD BANNATYNE DE GLASCOW (1).

La compagnie du gaz de cette ville, dans laquelle j'ai de très grands intérêts, et dont j'ai été le directeur pendant plusieurs années, emploie constamment

---

(1) Voyez les *Annales de l'Industrie*, et le *Producteur*, n°
de novembre 1825.

soixante ou soixante-dix ouvriers. Douze seulement
sont mécaniciens ; les autres chauffent les fourneaux
ou sont employés aux ouvrages grossiers. Certainement cette réunion d'hommes offrait en apparence
peu d'aptitude à l'étude de la science, et il semblait
peu probable qu'on fit naître parmi eux le désir et
le besoin de développer leurs facultés intellectuelles.

En 1821, le directeur de nos travaux, M. James
Nelson, fit à ces hommes la proposition de mettre
en réserve, pour acheter des livres et former une
petite bibliothèque, une certaine somme, chaque
mois, sur leur salaire. Il leur dit que, s'ils accé-
daient à cette proposition, la compagnie leur donne-
rait un local pour établir leurs livres ; qu'elle ferait
les frais de la lumière et du chauffage pendant l'hiver, afin de leur procurer tous les moyens de se réunir le soir, et en toute saison, pour lire et faire la
conversation, ce qui leur serait plus profitable et
plus honorable que de se réunir au cabaret, comme
plusieurs d'entre eux en avaient l'habitude.

M. Nelson leur dit encore que la compagnie leur
ferait don de 50 liv. sterling (1,250 fr.) pour acheter les premiers livres, et que l'emploi des fonds,
ainsi que la direction de la bibliothèque et de toutes
leurs affaires communes, demeureraient réservés à
un comité indépendant qu'ils nommeraient entre
eux, et qu'ils renouvelleraient à des époques fixes.

Cet administrateur eut l'adresse d'engager qua-
torze ouvriers à l'adoption de ce plan. Telle est l'origine de l'institution actuelle.

On convint d'abord que, pendant deux ans, c'est-à-dire jusqu'à ce qu'on eût acquis la certitude que les membres de l'association attacheraient assez de prix aux livres pour en prendre soin, ces livres ne sortiraient pas de la bibliothèque, et que l'on se réunirait tous les soirs pour lire.

Aujourd'hui les ouvriers emportent les livres et, en 1823, ils ont commencé à ne plus se réunir que deux fois la semaine, pour raisonner et s'entretenir en commun sur les lectures faites chez eux. Le nombre des souscripteurs fut d'abord très petit, et, à la fin de la seconde année, il ne montait encore qu'à trente; mais la lecture et les conversations leur ont donné le goût de l'étude, et l'instruction qu'ils ont acquise a augmenté leur ardeur d'en acquérir une nouvelle. Ils achetèrent bientôt un atlas, et ne tardèrent pas à se procurer deux globes, l'un de la terre et l'autre du ciel.

L'un d'eux (Alexandre Anderson), menuisier, qui avait suivi pendant deux ans un cours public, commença, dans l'hiver de 1824, à leur expliquer, le lundi de chaque semaine, l'usage des globes.

Ayant fait l'épreuve de sa capacité, et s'étant très bien fait comprendre de ses camarades, il leur offrit volontairement de leur enseigner, le jeudi soir, quelques principes et quelques procédés de chimie, de mécanique, et d'y joindre des expériences, ce qu'il fit avec une simplicité, une clarté et une précision admirables. Enfin, secondé par l'un de ses camarades, il ouvrit bientôt un cours d'arithmétique.

Voici les nouveaux arrangements qui ont été pris cette année dans l'institution.

Les membres du comité ont arrêté que chacun d'eux, à tour de rôle, ferait une lecture de sa composition sur la mécanique ou sur la chimie, le jeudi soir, d'après les principes de Fergusson et de Murray.

Le lecteur est prévenu quinze jours d'avance. Il étudie donc son sujet afin de le posséder à fond, et il est même autorisé à réclamer l'aide de tout membre de la société, soit pour l'éclairer, soit pour préparer les expériences chimiques et les modèles des machines qui doivent servir aux démonstrations qu'il aura besoin de faire.

Une chose bien remarquable, c'est que jusqu'ici aucun des membres ne s'est montré embarrassé dans ses explications, ce que j'attribue à l'absence de toute prétention, de toute affectation scientifique, et à cet esprit de fraternité qui caractérise tout enseignement mutuel : aussi déclaré-je ne connaître aucun moyen aussi utile et aussi sûr de propager les connaissances.

L'expérience est faite et convaincante : car, par ce système peu compliqué d'enseignement, les membres de l'association qui étaient plongés dans la plus profonde ignorance ont acquis très promptement les idées les plus claires et la connaissance la plus complète des sujets qui ont été traités ; et ceux qui ont suivi des cours plus élevés, sous d'habiles professeurs, confessent qu'ils n'ont pas fait d'aussi rapides progrès.

La soirée du lundi est consacrée maintenant à
entendre les lectures que font les membres qui ne
sont pas du comité, sur des sujets qu'ils ont choisis,
mais toujours dans le cercle des sciences et des arts
utiles ; et chacun, lorsque son tour arrive, paie sa
dette avec autant de facilité, de modestie et de plaisir, qu'en ont montré les membres du comité quand
la tâche leur était imposée.

Voici un tableau des divers sujets qui ont été traités depuis le mois de septembre 1824.

1° La solidité, le repos, le mouvement et la divi-
sibilité de la matière ; 2° l'attraction, la cohésion et
la répulsion ; 3° les centres de gravité et l'expansion
des métaux ; 4° l'attraction et la gravitation ; 5° le
magnétisme et l'électricité ; 6° les forces centrales :
tout mouvement naturel se fait en ligne droite ;
7° les pouvoirs mécaniques ; 8° le levier, la roue,
l'axe ; 9° la poulie ; 10° le coin et la vis ; 11° l'attraction et la gravitation ; 12° les roues de carrosses ;
13° les formes primitives des cristaux ; 14° l'hydro-
statique.

Ces premières lectures ont été faites par les membres du comité, et celles qui suivent par les membres de l'association et volontairement :

1° La machine pneumatique ; 2° l'électricité ;
3° introduction à la chimie, et principalement au
système des affinités ; 4° les propriétés de l'atmo-
sphère ; 5° le moulin à farine ; 6° l'art du mineur
dans les mines de charbon de terre ; 7° observations
pratiques sur les moyens de faire éclater les roches ;

8° sur les moyens de percer, de plonger, de miner,
et sur les propriétés de la lampe de M. Humphrey
Davy; 9° les globes; 10° *idem ;* 11° navigation
d'un vaisseau de la Tamise aux îles Orcades; 12°
nature du gaz acide carbonique; 13° description des
moyens inventés par le capitaine Manby pour sau-
ver les naufragés.

Les travaux que je viens de décrire ont eu pour
résultat *une grande augmentation de bonheur, et un
grand perfectionnement moral dans le caractère des
ouvriers.* Le cœur et les mœurs n'ont donc pas moins
gagné que l'intelligence, ce qui nous annonce quelle
amélioration sociale doit être le produit de ces es-
pèces d'institutions, combien d'avantages de tout
genre elles doivent assurer au pays, et combien de
découvertes, d'inventions, d'améliorations, seront
enfantées par des esprits exercés, vigoureux, éclai-
rés, habitués à raisonner toutes leurs actions et à se
respecter eux-mêmes.

Voyant que l'institution avait déjà produit *tant
de résultats avantageux,* la compagnie du gaz a
donné à ses ouvriers un local plus spacieux et plus
commode; elle y a joint un laboratoire et un atelier,
pour faciliter les expériences et la fabrication des
modèles.

En 1824, les ouvriers ont construit eux-mêmes
une machine pneumatique et une machine électri-
que. Il en est plusieurs qui passent au laboratoire et
à l'atelier *tout le temps dont ils peuvent disposer.*

Tous nos ouvriers sont associés, à l'exception de

quinze montagnards ou Irlandais, qui ont donné
pour motif qu'ils ne savaient pas lire. Mais leurs
camarades leur ont dit : « Unissez-vous à nous, nous
« vous enseignerons la lecture. » Je ne fais aucun
doute que la proposition ne soit bientôt acceptée.

Les règles de la société établies par les ouvriers
sont simples et judicieuses :

A son admission, chaque sociétaire paie 7 schel-
lings 6 den. (8 fr. 85 c.). Cette somme lui sera ren-
due s'il quitte la manufacture ; ou, s'il meurt, elle
sera remise à ses héritiers.

De plus, chaque membre paie trois demi-penny
(15 c.) par semaine. Un règlement établi cette année
porte que les deux tiers de cette contribution seront
affectés à la bibliothèque, et le reste au laboratoire
et à l'atelier.

Ce qui prouve combien le goût de la science a fait
de progrès, quel heureux changement s'est opéré
dans les esprits et dans les sentiments de ces hommes, c'est qu'ils ont arrêté que les pères pourraient
amener au cours leurs fils de sept à vingt et un ans.

Leur bibliothèque se compose aujourd'hui de plus
de trois cents volumes, dont le choix fait honneur
aux membres de la société. Ils ont les œuvres de
Shakespeare, quelques uns des meilleurs poètes, ses
ouvrages d'histoire et de voyages ; *mais le plus
grand nombre est en livres élémentaires sur les
sciences.* Ils sont convenus de n'admettre aucun ouvrage sur la religion, parce que, disent-ils, « chacun
« de nous ayant la sienne, les uns étant anglicans,

« les autres presbytériens, méthodistes, dissidents,
« catholiques, chaque croyance voudrait avoir ses
« livres, ce qui nous jetterait dans des discussions
« sans fin, que nous devons éviter. »

J'espère, messieurs, que ce récit vous intéressera,
qu'il deviendra utile, et qu'il fera naître de nouvelles et heureuses idées sur les moyens de propager
l'instruction parmi les classes ouvrières.

En effet, il me semble que *l'on peut faire en tout
lieu* ce qu'ont fait nos ouvriers. Partout où il y a
des écoles publiques, leur emplacement pourrait
servir, une ou deux fois la semaine, aux réunions du
soir, et loger la bibliothèque, sans incommoder les
élèves. Le maître d'école pourrait rendre de grands
services dans le comité. Enfin, si les fonds des élèves souscripteurs ne suffisaient pas, il est hors de
doute qu'il se trouverait dans le voisinage un nombre assez grand de bienfaiteurs, qui acquerraient
par leurs dons volontaires de nouveaux droits à
l'estime publique.

Voilà, certes, des faits bien concluants en faveur
de l'amélioration de la classe ouvrière, et on serait
tenté de les regarder comme fabuleux, s'ils n'étaient
attestés par un homme recommandable et connu de
toute l'Angleterre.

Tout cela est bien, dira-t-on; mais, en France,

nous ne voyons pas de ces miracles. On se trompe, et nous pouvons opposer des faits non moins surprenants. Sans parler de mille autres lieux où la régénération populaire se manifeste par des résultats évidents, nous avons un exemple frappant de l'influence du travail aux portes de Paris même, dans le canton de Creil, près la petite ville de Clermont. Ce canton peu fertile portait une population misérable, oisive, et livrée à tous les vices. Elle exigeait une surveillance active et sévère, excitait les plaintes des autorités, et se trouvait frappée d'une multitude de condamnations. Mais tout à coup un grand nombre de fabriques se sont établies dans le pays, et ont donné du travail à vingt mille ouvriers. Sur un terrain jadis stérile et perdu pour l'état, il se produit maintenant une valeur de vingt millions, dont seize restent comme salaire entre les mains des travailleurs, et répandent chez eux l'aisance et le bonheur.

Ces hommes ont pris goût au travail; les cabarets se dépeuplent, les familles se recomposent. A l'exception d'un petit nombre d'ouvriers qui ne sont point du canton, et que la nature des travaux a forcé de faire venir d'autre part, tous ont renoncé à la honteuse oisiveté du lundi; et maintenant, sur aucun département de la France, les rapports de la surveillance publique ne sont aussi satisfaisants; aucune population n'est plus paisible et plus calme; aucune ne se voit plus rarement sur le banc des accusés. Cette merveilleuse métamorphose est attestée

4.

dans la statistique du canton de Creil, par M. le duc de Liancourt.

Veut-on une autre preuve des résultats moraux produits en France par le développement du travail et de l'industrie? Un mémoire lu à l'académie de médecine, au mois de septembre 1826, nous a montré que le nombre des crimes avait remarquablement diminué depuis vingt-cinq ans dans le département de la Seine-Inférieure, et qu'au lieu de quatre-vingt-cinq condamnations capitales qu'offrait la période de 1800 à 1805, celle de 1820 à 1825 n'en présentait plus que douze. Or, depuis vingt-cinq ans, le département de la Seine-Inférieure s'est accru d'une population de quarante mille ouvriers, répandue dans les seules vallées de Houlme, de Déville et de Darnetal.

De pareils faits combattent victorieusement le préjugé qui fait regarder la vie industrielle comme entraînant plus de vices que la vie agricole, et pouvant par ses progrès étendre la dépravation. L'ouvrier qui se livre à l'ivresse et à la débauche est un mauvais ouvrier, plus ami de la paresse que du travail; il eût été le même homme à la ferme, et aurait fait un mauvais laboureur, fainéant et dissolu. L'erreur vient de ce qu'on a comparé l'ouvrier lâche et dépravé avec l'agriculteur diligent et honnête homme. Il fallait mettre en parallèle les bons travailleurs des villes et les bons travailleurs des champs; on les eût trouvés les mêmes sous le toit de l'atelier ou sous le ciel de la campagne. Le préjugé

contre l'industrie tient à celui qui prend la vie sauvage pour le type de la liberté et de la dignité humaine, et qui regarde les forêts comme exemptes
des crimes et des vices importés, est-il dit, par la
civilisation. L'observation prouve que les défauts de
l'homme civilisé sont encore exagérés dans la société
grossière des forêts. Vous reprochez l'intempérance
à quelques habitants de nos villes : dans les bois, ceux-
là et tous les autres se seraient gorgés de racines et
de gibier cru. Les Indiens des Pampas, qui viennent
à Mendoza échanger les produits de leur chasse, em-
ploient trois jours à consommer ce marché. Ils passent le premier jour à se noyer d'eau-de-vie, et
tombent dans une ivresse qui réveille leur férocité
et cause entre eux de hideux combats ; le second jour,
ils vaquent à leurs affaires ; le troisième, ils se re-
plongent dans l'abrutissement féroce qui a célébré
leur arrivée et qui célèbre leur départ (1). Vous ac-
cusez quelques hommes civilisés de perfidie et de
mauvaise foi : dans l'état sauvage, nous aurions tous
fait comme les Araucaniens, qui se réconcilient avec
une tribu ennemie, et qu'on ne peut empêcher de
déchirer les députés de paix que celle-ci leur en-
voie (2). Rousseau, et quelques autres philosophes
du dix-huitième siècle, choqués de l'organisation

(1) Voyez le voyage du capitaine Head aux Pampas et aux
Indes. Londres, Murray, 1826.

(2) Voyez le voyage de John Miers au Chili et à la Plata.
Londres, Bardwin, 1826.

sociale qu'ils avaient sous les yeux, au lieu de porter leurs regards en avant et de se confier dans l'avenir, ont regardé en arrière, et ont divinisé un prétendu état de nature que leur imagination plaçait
dans le passé. Mais l'observation dément tous les
jours leurs fictions ; chaque pas que l'homme fait
hors de l'état sauvage est un perfectionnement et un
succès. Il y a loin d'une forêt de Hurons, quoi qu'on
en ait dit, même à une taverne remplie d'ouvriers pa-
resseux, et surtout à un atelier plein de travailleurs
actifs comme ceux du canton de Creil.

La métamorphose morale de ce petit pays s'est
faite par la seule influence du travail et de l'amélioration qu'il apporte à la vie physique et intellectuelle. Quels heureux résultats ne doit-on pas atten-
dre, lorsque partout se seront établis ces cours d'ouvriers fondés par l'esprit industriel, qui de jour en
jour se substitue davantage à l'esprit militaire. Les
crimes et délits, ainsi que les vices qui en sont la
cause, décroissent avec l'ignorance, comme ils décroissent avec la misère : car l'aisance et l'instruction ont également le privilége de nous laisser moins
en proie aux sensations brutales et matérielles, d'où
naît tout le mal, et qui poussent surtout aux crimes matériels et brutaux. Ainsi les méfaits deviennent moins nombreux, et ceux qui nous affli-
gent encore n'ont plus le même caractère de férocité
qu'autrefois. Si quelques crimes cruels ont été commis de nos jours, on a reconnu que l'aliénation de
l'esprit avait égaré la main du coupable ; mais on ne

voit plus accomplir par haine, cupidité, vengeance ou toute autre passion naturelle, ces forfaits dont les détails faisaient frémir l'humanité. Ce n'est pas que les mouvements passionnés soient bannis du cœur humain ; ils ne sont même pas contenus autant qu'ils pourront l'être par la suite : mais ils se font jour par des coups moins odieux, ils prennent une couleur moins sauvage, plus assortie au caractère des mœurs générales ; et c'est surtout dans le nombre des crimes sanglants que les statistiques morales indiquent une diminution ; les peines doivent donc aussi perdre quelque chose de leur teinte de sang.

Beccaria, et, après lui, M. Livingston, ont dit que les crimes ne sont jamais plus féroces que quand ils sont punis par de féroces châtiments. Mais ce n'est pas, comme ils le pensent, la cruauté de la peine qui détermine la cruauté du forfait. L'une et l'autre sont causées par la rigueur des temps ; et, si la barbarie des lois est alors impuissante, leur douceur le serait encore davantage. Il faut dire que les crimes, dans une époque de souffrance, sont cruels et nombreux, malgré la cruauté du châtiment ; de même que, dans une époque de bien-être, ils deviennent moins fréquents et moins farouches, malgré la douceur de la peine.

A l'exemple des crimes, les délits deviennent aussi moins graves, et les prisons peuvent devenir moins rigoureuses. D'abord, la vie commune étant plus douce, les prisons se trouvent, avec moins de rigueur, afflictives au même degré qu'autrefois ; et,

secondement, elles ont moins de perversité à punir.
C'est ici que les maisons pénitenciaires trouvent leur
place ; et comme tout, dans le monde moral ainsi
que dans le monde physique, est action et réaction,
ces maisons, amendées par l'adoucissement des
mœurs générales, amendent à leur tour les mœurs
des coupables ; elles leur donnent des habitudes de
travail, sèment au milieu d'eux des conseils de morale ; et tandis qu'autrefois, sur cent détenus sortis
de prison, la récidive en ramenait plus tard quatre-
vingt-dix-huit, aujourd'hui, dans les pays où des
maisons de ce genre sont établies, sur cent détenus
libérés, il n'en rentre plus guère que deux.

Telle est donc la chaîne des faits : le travail et
l'industrie ont amélioré le sort physique de la classe
populaire ; il en est résulté une amélioration intellectuelle, qui, à son tour, a produit un perfectionnement dans les mœurs.

Maintenant ce triple résultat combiné diminue
de plus en plus la distance entre la dernière classe de
l'état et les classes supérieures. Or personne ne doute
que la peine de mort n'aille bien au-delà de ce qui
est maintenant nécessaire, même en cas de meurtre,
pour satisfaire au sentiment d'indignation chez les
classes éclairées, et pour les détourner d'un pareil
crime. On doit donc présumer qu'une peine non
sanglante suffirait aussi chez le peuple pour apaiser
la conscience soulevée, et pour défendre la société
contre lui.

Plusieurs écrivains pensent que, si la peine de

mort a pu se supprimer pour un grand nombre de crimes non sanglants qu'elle frappait autrefois, elle ne pourra jamais l'être en cas de meurtre, parce que, disent-ils, le sentiment naturel s'y oppose, et que le sang demande du sang. Oui; c'est là un besoin dans les temps malheureux et barbares, et c'est ainsi qu'a pris naissance la peine du talion. Mais tel n'est plus aujourd'hui le cri de la conscience publique; et si le meurtrier Castaing ou tout autre eût été plongé pour le reste de sa vie dans les horreurs d'un bagne, l'indignation morale eût été satisfaite chez toutes les classes de la société.

Un indice auquel on peut reconnaître que la peine de mort dépasse le but maintenant, et que par conséquent elle peut être suppléée par une peine inférieure, c'est la répugnance qui, sans qu'on y prenne garde, s'accroît de jour en jour pour les exécutions capitales. Lorsque le besoin en était profondément senti, les hautes classes mêmes de la société y assistaient en grande pompe. Les prêtres et les chefs de la Grèce, les augures et les consuls de Rome, le clergé et la noblesse de l'Europe moderne, ont présidé aux supplices; et personne ne songeait à élever la voix contre la peine de mort, ni Socrate, ni Caton, ni Marc-Aurèle, ni Suger, ni Sully, ni d'Aguesseau. C'était au sort de la classe la plus nombreuse qu'on mesurait ce supplice, et la dureté des temps empêchait qu'il révoltât les esprits.

Aujourd'hui ce ne sont pas seulement quelques philosophes, c'est le vulgaire même, qui, à la vue du supplice capital, incline à la pitié, et voudrait une commutation de peine. Ce sentiment n'existerait pas si le dernier supplice était encore un impérieux besoin, et qu'il fût moins en disproportion avec la douceur de la vie commune. La peine étant un accomplissement de l'ordre et un vœu de la raison, elle ne devrait faire éprouver que le calme d'un besoin moral satisfait. Or telle n'est pas l'émotion que vous trouverez dans l'âme de la multitude assemblée au pied de l'échafaud : vous n'y verrez qu'un commencement de compassion, ou bien une curiosité qui cherche les impressions fortes, et à laquelle il ne faut pas donner d'aliment, parce qu'elle déprave celui qui s'y livre, et que, plus on la satisfait, plus elle augmente. Les exécutions publiques aguerrissent donc le peuple à des spectacles de sang, qui ne tranchaient pas autrefois sur ses mœurs, et ne pouvaient le pervertir, quand sa vie se passait au milieu de rixes sanglantes, mais qui, aujourd'hui, l'endurcissent, quand ses habitudes tendent à s'adoucir, combattent les sentiments de pitié, et retardent une amélioration morale qu'il faut au contraire s'efforcer de rendre plus facile et plus prompte.

Mais ici se présente une objection grave, et qui semble au premier abord insurmontable.

Comment, dira-t-on, pouvez-vous songer à supprimer la peine de mort, lorsqu'en présence de ce châtiment se commettent encore les crimes qu'il atteint ? Ne faudrait-il pas plutôt l'aggraver ? Il faut se rappeler que, comme je l'ai déjà dit, la pénalité

repose avant tout sur le principe de mérite et de démérite, sur cette nécessité rationnelle, que le méchant doit éprouver plus de mal que le bon. Tant que
la vie moyenne de la masse populaire ne vaut guère
mieux que la mort, et abonde en chances de trépas,
le principe de juste répartition ne peut s'accomplir
que par la mort du coupable ; mais sitôt que le sort du
peuple est assez amélioré pour qu'il reste entre la condition générale et la mort des degrés de vives souffrances, ces tourments suffisent à l'accomplissement
de la justice distributive : car le coupable n'a mérité
que de souffrir plus que les innocents, et non pas
précisément de mourir. Il est donc juste qu'on s'en
tienne aux souffrances qui suffisent à l'indignation
publique. Or, par cette providence qui fait que la
justice est toujours salutaire à l'ensemble du monde,
sitôt qu'un supplice suffit au cri de la conscience
générale, il suffit à la défense de la société contre
le plus grand nombre des citoyens. En effet, puisque chacun estime que le criminel est assez puni
par telle peine, c'est que chacun regarde ce châtiment comme redoutable, et que nul ne voudrait s'y
exposer. Si, par exemple, de nos jours, le tourment
perpétuel des galères suffisait pour apaiser l'indignation, même en cas de meurtre, c'est que le plus
grand nombre des citoyens le regarderait comme un
grand mal, et par conséquent pourrait être contenu
par la crainte de le subir. Or il suffit que la société
soit défendue ainsi contre le plus grand nombre, et
la pénalité ne doit avoir et n'a jamais eu en effet

que le degré de sévérité nécessaire pour atteindre ce
but; elle fut toujours impuissante à obtenir un plus
large résultat. La mort même, aggravée par des
tortures, n'a jamais suffi contre tous, ce qui n'a pas
empêché de la dégager de son affreux cortége, et ce
qui ne doit pas empêcher de la supprimer elle-même,
si un châtiment plus doux paraît suffire contre le
plus grand nombre. Si l'on voulait porter plus loin
la défense sociale, on ne saurait où s'arrêter : car il
est quelques criminels, heureusement en fort petit
nombre, que les plus affreux supplices n'effraieront
jamais, et contre lesquels la société ne peut être défendue : c'est ce que l'histoire a prouvé. Ceux-là, il
faut les subir, comme les orages et les incendies; le
principe de la défense sociale est impuissant contre
eux ; mais le principe de la justice distributive con-
serve toute sa force. Quand la masse populaire est
au comble de la souffrance, la justice veut que ces
hommes meurent; mais quand la multitude est heureuse, c'est assez qu'ils soient malheureux.

CHAPITRE V.

DU CHATIMENT QU'ON PEUT SUBSTITUER IMMÉDIATEMENT À LA PEINE DE MORT.

L'amélioration du sort commun, sous le rapport physique, intellectuel et moral, permettant de déployer moins de rigueur pour accomplir le principe de mérite et de démérite, et pour défendre la société contre le plus grand nombre, je pense donc qu'on peut descendre d'un pas dans la série des châtiments, et substituer à la peine capitale, pour les cas où elle est encore prononcée, celle qui la suit immédiatement dans les codes. Cette peine inférieure ne serait plus applicable aux crimes qu'elle punit aujourd'hui, et qui seraient à leur tour frappés par le châtiment du degré voisin, et ainsi de suite pour toute la série des crimes, délits et contraventions, dont les deux dernières classes seraient confondues en une seule. En France, on n'a qu'à décrire et publier les supplices des galères; qu'à montrer cette vie de douleur et d'infamie infligée aux forçats; ces travaux sous les fers, en présence du mépris public, et dans les angoisses du remords; ces aliments grossiers; ces vêtements qui les défendent mal du froid; ce dur plancher sur lequel on les étend le soir, étroitement serrés les uns contre les autres; cette longue et lourde chaîne qu'on passe alors dans les anneaux de leur

ceinture, qu'on fait peser sur eux, et qu'on scelle
aux deux extrémités du lit de camp; enfin même ces
civières fermées dans lesquelles on les transporte à
l'hôpital, et ces sellettes isolées au milieu des salles
de l'hospice, où le forçat souffrant est encore en-
chaîné, seul pendant la nuit, et loin des autres ma-
lades. On n'a surtout qu'à faire ressortir la perpétuité
et l'éternité de ces tortures, et je crois qu'il y en aura
assez pour satisfaire à la conscience publique, même
en cas de meurtre, et par conséquent pour détourner de ce crime le plus grand nombre des citoyens.

Je sais qu'un temps viendra où il ne sera même
plus besoin d'un supplice éternel, où ce terrible mot
de perpétuité excitera à son tour la répugnance générale, comme la peine de mort aujourd'hui. Mais
avant d'arriver à cet heureux moment, il faut que
le système des colonisations et des maisons pénitenciaires ait été adopté d'abord pour les crimes inférieurs, et ait porté ses heureux fruits. Un accroissement de bonheur dans la destinée commune est
nécessaire, pour que celle-ci laisse entre elle et la
souffrance un intervalle encore agrandi. L'éducation
intellectuelle et morale, déjà commencée pour le
peuple, a besoin d'être entièrement accomplie. Le
travail devant être regardé un jour comme un devoir, et devenir d'ailleurs le seul moyen de fortune
et de considération, la simple condamnation à l'oisiveté pourra former une véritable peine afflictive;
et la privation momentanée d'un seul de ses outils
sera peut-être pour l'ouvrier un opprobre et un tour-

ment. Cet âge d'or, placé dans l'avenir, et fils du travail, est moins chimérique que le siècle de paix et d'indolence qu'on prêtait aux temps passés, à ce monde naissant qui n'avait encore dompté ni les éléments, ni les animaux, ni la terre, et qui, au lieu de conduire mollement les brebis au murmure des fontaines, avec une houlette de bois odorant, devait plutôt fuir en alarme devant les troupeaux de léopards.

Mais on ne peut marcher que pas à pas. Ce n'est point quand on hésite encore sur la peine capitale, qu'on peut songer en France à rejeter déjà le châtiment qui la suit, dans la loi comme dans l'esprit du peuple. Je crois qu'aller plus loin serait risquer de ne plus suffire au principe de mérite et de démérite et à la sûreté générale. Mais je crois aussi qu'en descendant d'un seul degré au-dessous de ce qui est aujourd'hui le dernier supplice, on ne perdra aucune des efficacités qui s'attachaient à la peine de mort.

Bentham, qui, comme on sait, pousse assez loin l'analyse, attribuait les cinq qualités suivantes à la peine de mort : 1º elle était exemplaire, c'est-à-dire frappant vivement les esprits; 2º elle enlevait le pouvoir de nuire; 3º elle était plus apparente que réelle ; 4º elle avait de l'analogie avec le crime, en cas de meurtre; 5º elle était populaire dans ce cas. Or, 1º si, comme l'expérience le prouverait, je crois, le supplice perpétuel des galères suffisait, d'après l'adoucissement de la vie commune, pour apaiser le cri de la conscience publique, même dans le cas

d'un grand crime, c'est que ce supplice serait regardé comme un grand mal par la généralité des
citoyens, et que par conséquent, environné de la
publicité convenable, il frapperait vivement les esprits et serait exemplaire. 2° Il ôte suffisamment le
pouvoir de nuire par les fers et les chaînes dont il
charge les condamnés. 3° La mort n'est pas le seul
mal qui soit plus apparent que réel : Bentham et
Beccaria ont montré avec une admirable sagacité,
ainsi qu'on le verra plus bas, comment l'esprit humain s'accommodait à la douleur, et le châtiment
dont je parle, comme toutes les misères de la vie,
effraie encore plus l'imagination, quand il est en
perspective, qu'il n'affecte la sensibilité quand il est
présent ; toute peine est plus vive en appréhension
qu'en souffrance. 4° La punition de mort avait, dit-on,
en cas de meurtre, de l'analogie avec le crime
qu'elle punissait. Mais la peine du talion, impossible pour la plupart des cas, ne mériterait pas
l'honneur d'être conservée pour un seul. Elle n'est
d'ailleurs un besoin que dans les temps barbares.
Au milieu d'une existence douce et tranquille, si
une peine paraît assez rigoureuse à la généralité, on
s'embarrassera peu qu'elle ne soit pas analogue au
crime ; et d'ailleurs, dans le cas même du meurtre,
il n'y avait entre ce crime et la peine capitale qu'une
analogie grossière et qui s'efface au moindre examen.
L'effusion de sang présentait seule une ressemblance ;
mais la perte de la vie n'est pas semblable pour le
riche et le pauvre, le puissant et le faible, l'ouvrier

et le mendiant, l'adolescent et le vieillard, l'homme sain et le malade, l'époux et le veuf, le père et l'homme sans enfants, le fils et l'orphelin. 5° Quant à la popularité d'une peine, c'est-à-dire à l'approbation que le peuple lui donne, cet avantage ne tient pas, comme le pense Bentham, à l'analogie physique du châtiment avec le crime. C'est assez que la peine fasse éprouver au coupable un sort plus rigoureux que la vie commune, pour que l'indignation publique soit apaisée, et pour que le plus grand nombre soit détourné de suivre un criminel exemple. Dès que le châtiment atteint ce double résultat, il est approuvé du peuple et devient sur-le-champ populaire.

Il s'agit donc d'essayer si, attendu l'amélioration physique, intellectuelle et morale, la condamnation aux galères perpétuelles ne suffirait pas aujourd'hui, en cas de crime réputé capital, 1° pour accomplir le principe de mérite et de démérite ; 2° pour détourner d'un crime capital le plus grand nombre des citoyens. S'il atteignait ce double but, il serait populaire, et il deviendrait exemplaire, puisqu'il serait redouté. Par sa nature physique, il possède les autres qualités de la peine de mort, c'est-à-dire qu'il ôte le pouvoir de nuire, et qu'il est, comme toute douleur, plus vif en apparence qu'en réalité.

C'est à ces termes que se réduit, selon moi, toute la question. Il s'agit d'une expérience : si elle n'a pas de succès, si nous nous apercevons que la con-

science publique ne soit pas satisfaite et que la société soit mal défendue, si le peuple murmure, s'il
poursuit le condamné de ses cris, s'il lui jette sur
la tête la fange des chemins, ou le meurtrit de ses
coups, nous pourrons revenir sur nos pas : on dira
au peuple de faire place, et on redressera l'échafaud.

CHAPITRE VI.

EXAMEN DES PRINCIPES QUI ONT FONDÉ JUSQU'ICI L'OPPOSITION
A LA PEINE DE MORT.

De tout ce qui précède il résulte que la peine de
mort n'est pas, pour moi, une question qu'on puisse
résoudre *a priori*, indépendamment des temps et
des lieux, comme le droit de punir lui-même ; mais
qu'elle est simplement un degré physique de la pénalité, qu'on atteint, qu'on dépasse, ou au-dessous
duquel on s'arrête, suivant les conditions physiques
des siècles et des pays.

Je ne me trouve donc d'accord ni avec ceux qui
admettent la peine de mort pour tous les temps,
ni avec ceux qui la rejettent pour toutes les époques
de l'histoire. Ceux qui, approuvant la peine de
mort dans les temps anciens, veulent la conserver
aujourd'hui, donnent pour raison 1º le danger
d'innover, 2º le besoin du sang pour punir un
crime sanguinaire, 3º l'impuissance même actuelle
de la peine de mort en certains cas. Ma réponse a
été : 1º les grandes révolutions de la race humaine,
qui en font une innovation continuelle et forcent
d'innover ; 2º le témoignage de la conscience publique, qui n'a plus besoin de la peine du talion, et
la fausseté de l'analogie dans tous les cas ; 3º enfin
la suppression qu'on a faite des supplices cruels de

l'antiquité, bien qu'on vit des criminels braver encore ces barbaries de la loi. Examinons maintenant
les motifs de ceux qui, blâmant la peine de mort en
général, la réprouvent aussi pour les malheureux
temps qui nous ont précédés. A la tête de ces philosophes se présente Beccaria. Il est pour ainsi dire
le patron des ennemis de la peine de mort ; ceux qui
lui ont succédé dans l'arène n'ont fait que ressaisir
ou retremper ses armes. Ce publiciste blâme la peine
capitale en elle-même, et n'y reconnaît pour excuse
aucune époque historique. « L'histoire des hommes,
« dit-il, est un immense océan d'erreurs, où l'on
« voit surnager çà et là quelques vérités mal con-
« nues. Que l'on ne m'oppose donc point l'exemple
« de la plupart des nations, qui, dans presque tous les
« temps, ont décerné la peine de mort contre certains
« crimes : car ces exemples n'ont aucune force contre
« la vérité, qu'il est toujours temps de reconnaître. »

Si Beccaria rejette la peine capitale, ce n'est pas
qu'il l'accuse de cruauté, car il propose de la remplacer par un supplice qu'il semble regarder comme
plus cruel. « On envisage souvent la mort d'un œil
« tranquille et ferme, dit-il, les uns par fanatisme,
« d'autres par cette vanité qui nous accompagne
« au-delà même du tombeau ; quelques uns, déses-
« pérés, fatigués de la vie, regardent la mort comme
« un moyen de se délivrer de leur misère. Mais le
« fanatisme et la vanité s'évanouissent dans les
« chaînes, sous les coups, au milieu des barreaux
« de fer. *Le désespoir ne termine pas leurs maux, il*

« *les commence. Notre âme résiste plus à la* violence
« des douleurs extrêmes qui ne sont que passagères
« qu'au temps et à la continuité de l'ennui. Toutes
« les forces de l'âme, en se réunissant contre des
« maux passagers, peuvent en affaiblir l'action ;
« *mais tout ses ressorts finissent par céder à des*
« *peines longues et constantes.* »

Ainsi, la nécessité d'infliger le mal au méchant
n'est pas mise en doute par Beccaria ; mais il veut
que ce mal, fût-il plus atroce, soit tout autre que la
mort, parce qu'il ne la condamne que comme violation de droit ; et voici comment il essaie de dé-
montrer cette violation : « La souveraineté et les
« lois ne sont que la somme des petites portions de
« liberté que chacun a cédées à la société. Elles re-
« présentent la volonté générale, résultat de l'union
« des volontés particulières. Mais qui jamais a
« voulu donner à d'autres hommes le *droit* de lui
« ôter la vie ? Et doit-on supposer que, dans le sacri-
« fice que chacun a fait d'une partie de sa liberté, il
« ait pu risquer son existence, le plus précieux de
« tous les biens. »

Dans le cas même où le droit de punir ne résulte-
rait que du consentement exprès ou tacite de tous
les hommes, Diderot aurait fort bien répondu à cet
argument par ces mots : « C'est parce que la vie est
« le plus grand de tous les biens, que chacun a con-
« senti que la société eût le droit de l'ôter à celui
« qui l'ôterait aux autres. Personne sans doute n'a
« voulu donner à la société le droit de lui ôter la vie

« à tout propos ; mais chacun occupé de conserver
« la sienne, et aucun ne prévoyant pour lui-même
« la volonté qu'il n'avait pas alors d'attenter à celle
« d'autrui, tous n'ont vu que l'avantage de la peine
« de mort pour la sûreté, la défense et la vengeance
« publique. Il est aisé de concevoir que l'homme
« qui dit, Je consens qu'on m'ôte la vie si j'attente
« à la vie des autres, se dit à lui-même, Je n'y at-
« tenterai pas. Ainsi la loi sera pour moi et ne sera
« pas contre moi. Ce pacte est si bien dans la nature,
« qu'on le fait souvent dans des sociétés particuliè-
« res, comme les conspirations, où l'on jure de se
« baigner dans le sang de celui révélera le secret.
« Quant à la justice de cette peine, elle est fondée
« sur la convention et sur l'utilité commune. Si
« elle est nécessaire, elle est juste. Il reste à savoir
« si elle est nécessaire. »

Je crois devoir dire maintenant, contre Beccaria
et contre le philosophe qui vient de m'aider à le
combattre, que ce n'est pas la volonté générale qui
fonde la justice. En effet, les choses ne sont pas
justes par cela seul qu'on les veut, et injustes par
par cela seul qu'on ne les veut pas : il faut encore
que le consentement donné ou refusé soit lui-même
conforme à la justice. Justice et volonté sont donc
choses fort différentes entre elles, et quand on dis-
cute sur des droits, ce n'est pas de volonté, mais de
justice, qu'il faut argumenter.

Mais je sais que ce consentement public dont on
parle et qu'on suppose donné jadis dans une assem-

blée générale, au sortir des forêts, n'est qu'une bril-
lante métaphore sous laquelle on désigne la voix
secrète de la conscience publique, cette voix qui, à
chaque instant, témoigne de ce qui est juste et de
ce qui ne l'est pas; et voilà pourquoi, selon le lan-
gage intérieur que chacun croit reconnaître en soi et
dans les autres, on déclare que la volonté générale a
dû prescrire telle ou telle loi. En effet, Beccaria dit
plus loin que, « dans une partie reculée de notre
« âme, où les principes naturels ne sont point en-
« core altérés, nous retrouvons un sentiment qui
« nous crie qu'un homme n'a aucun droit légitime
« sur la vie d'un autre homme. » Un rédacteur du
journal philosophique *le Globe* (1) paraît partager
cette opinion, et insinue « qu'indépendamment de
« toute expérience, la peine de mort doit être suppri-
« mée, non pas comme inefficace ou superflue, mais
« comme illégitime, ... comme moralement mau-
« vaise, en ce qu'elle blesse le sentiment ou la jus-
« tice, le cœur ou la conscience, la nature ou la loi
« de Dieu ». Ainsi nous voilà donc arrivés à discuter la justice ou la conscience, cette partie de la raison sur laquelle j'ai fondé moi-même et la société
et la pénalité. Or cette conscience nous dit-elle
réellement qu'un homme, dans aucun cas, n'ait
aucun droit légitime sur la vie d'un autre homme ?
Ne proclame-t-elle pas au contraire que, si un

_____

(1) Voyez le numéro du 23 septembre 1826.

aggresseur attente à ma sûreté, j'ai le droit de le
repousser, fût-ce par la mort, quand tout autre
moyen est impuissant; et n'en est-il pas résulté cet
axiome si connu, si vulgaire, que le meurtre est
légitime en cas de légitime défense. La question re-
vient donc encore à savoir si la peine de mort a été
nécessaire pour la défense de la société, et dès lors
elle déchoit du rang de question *a priori* que vous
lui décerniez et ne peut être jugée que par les faits.
De plus, ce témoignage intime et général, cette
conscience que j'invoque comme vous, ne proclame-
t-elle pas encore qu'aux citoyens coupables appartient un sort plus rigoureux que celui des citoyens
innocents? Quelle peine donc réserverez-vous aux
criminels, si les gens de bien voient la mort toujours
attachée à leurs pas, et si la vie qu'ils mènent vaut
à peine mieux que la mort. Il faut prouver qu'une
pareille misère est impossible dans tous les temps et
dans tous les lieux, en vertu d'un principe invariable et universel comme la raison, ou reconnaître
qu'ici encore la question de la peine de mort est
susceptible d'être subordonnée aux faits. Elle est
donc de toutes parts repoussée dans la foule des
questions *a posteriori*. Or, à ces époques dont je
n'ai présenté qu'un trait mesquin et affaibli, loin
d'en avoir exagéré le tableau, la mort était si fa-
milière à tous, qu'un châtiment plus doux n'aurait
ni apaisé la conscience publique, ni protégé la société contre la classe la plus nombreuse, dont la
condition doit servir de mesure au châtiment, pour

qu'il ne soit pas par hasard plus doux que la vie commune.

Beccaria, fermant les yeux sur toutes les époques de l'histoire, propose de substituer à la peine de mort un *esclavage perpétuel*. Il regarde même ce châtiment comme plus rigoureux que le dernier supplice, et j'ai cité les phrases où il développait cette opinion. Il prétend, par le même motif, que cet esclavage serait plus exemplaire. « Le spectacle af- « freux, mais momentané, dit-il, de la mort d'un « scélérat, est pour le crime un frein moins puis- « sant que le long et continuel exemple d'un homme « privé de sa liberté, devenu en quelque sorte *une* « *bête de somme*, et réparant par des travaux pé- « nibles le dommage qu'il a fait à la société. Ce re- « tour fréquent du spectateur sur lui-même : *Si je* « *commettais un crime, je serais réduit toute ma* « *vie à cette misérable condition*, cette idée terrible « épouvanterait plus fortement les esprits que la « crainte de la mort, qu'on ne voit qu'un instant, « dans un obscur lointain qui en affaiblit l'horreur. » Je lui opposerai pour la seconde fois Diderot, qui répond avec raison : « Encore faut-il observer que « cet esclavage ne sera un supplice effrayant que « dans un pays où l'état du peuple sera doux et « commode. Car si la condition des innocents était « presque aussi pénible que celle des coupables, les « souffrances de ceux-ci ne paraîtraient plus un sup- « plice, et des malheureux, presque aussi à plain- « dre, n'en seraient point effrayés. »

En effet, aurait-on jamais regardé l'esclavage comme le dernier supplice dans les temps où la portion la plus nombreuse de l'espèce humaine n'avait pas d'autre condition? Quelle ressource restait-il donc, puisqu'une servitude perpétuelle, changeant l'humanité en *bête de somme*, était le sort du plus grand nombre des humains, et que c'est là le supplice qui, dans nos idées, suit immédiatement la peine capitale?

Mais on voudra peut-être opposer que l'esclavage perpétuel est plus cruel que la mort, et qu'il aurait présenté du moins pour les hommes libres de l'antiquité un châtiment plus efficace que le trépas. « L'expérience de tous les siècles, dit Beccaria, « prouve que la peine de mort n'a jamais arrêté des « scélérats déterminés à nuire; mais il n'y a point « d'homme qui puisse balancer entre le crime, quel- « que avantage qu'il s'en promette, et *le risque de* « *perdre à jamais sa liberté.* » Or j'admets aussi l'existence de ces scélérats déterminés que la peine de mort n'arrêtait pas; mais je crois que la servitude les eût moins arrêtés encore. Et en effet, dans toute l'antiquité, la *perte de la liberté* était à chaque instant appliquée comme peine pour les délits inférieurs, et par conséquent elle n'arrêtait pas les coupables. Du temps même où Beccaria écrivait, une foule de malfaiteurs se faisaient condamner aux galères perpétuelles. Comment donc suppose-t-il qu'on ne pourrait balancer entre le crime et *la perte de la liberté?* Voici, au reste, comment Bentham

réfute sur ce point le philosophe de Milan : « Bec-
« caria pense que la durée de la peine fait plus d'im-
« pression sur les hommes que son intensité.........
« Quelque respectable que soit l'autorité de ce phi-
« losophe, je suis disposé à croire qu'il se trompe,
« et je me fonde sur deux observations : 1° Relati-
« vement à la mort en général, il paraît que les
« hommes la regardent comme le plus grand des
« maux, et qu'on se soumet à tout pour y échapper.
« 2° Relativement à la mort pénale, la disposition
« universelle est de l'accuser d'un excès de sévérité.
« Aussi voit-on fréquemment en Angleterre les jurés
« solliciter, comme acte de merci, la substitution
« de toute autre peine, quelque sévère qu'elle soit
« quant à la durée. »

Indépendamment de l'axiome *Souffrir plutôt que
mourir*, qui dément la proposition de Beccaria,
il a pris soin de se réfuter lui-même sur ce sujet :
car, en avocat habile, qui présente des arguments
pour tous les genres d'esprit, il avait avancé que
l'esclavage proposé par lui était plus cruel que la
mort, voulant leurrer par là ceux qui aiment la
cruauté dans les peines; mais ensuite il rassurait ses
clients en leur faisant entendre qu'au fond l'esclavage était moins rigoureux. Malheureusement, le
public, ayant entre les mains les deux parties
du mémoire, peut y trouver quelque contra-
diction. Ainsi, lorsqu'on aperçoit d'un côté les
phrases que j'ai rapportées sur la dureté de l'esclavage, et celle-ci entre autres : « *Le fanatisme et la*

« ranité s'évanouissent dans les chaînes , sous les
« coups, au milieu des barreaux de fer ; le déses-
« poir ne termine pas leurs maux, il les commence »,
on trouve immédiatement, sur le revers du feuillet :
« En rassemblant en un point tous les moments
« malheureux de la vie d'un esclave, sa vie serait
« peut-être plus horrible que les supplices les plus
« affreux; mais ces moments sont répandus sur
« tout le cours de son existence, au lieu que la peine
« de mort exerce toutes ses forces en un seul in-
« stant.... *Celui qui souffre trouve dans son âme,*
« *endurcie par l'habitude du malheur, des consola-*
« *tions et des ressources* que les témoins de ces
« maux ne connaissent point, parce qu'ils jugent
« d'après leur sensibilité du moment. »

Ainsi évidemment l'esclavage n'est pas une peine
plus grave que la peine de mort : il ne saurait par
conséquent devenir plus exemplaire. Et , dans les
temps où la mort était encore nécessaire, dans les
temps où elle suffisait à peine, l'esclavage n'aurait
pu la remplacer. Beccaria nous a démontré lui-même
comment l'habitude du malheur finit par en émous-
ser le sentiment, et comment la mort frappe un plus
terrible coup. Aussi, se pénétrant toujours de plus en
plus de cette idée, il en vient à dire « que la peine de
« mort est funeste à la société par les exemples de
« cruauté qu'elle donne ». Et il ajoute plus loin « que
« les lois qui prescrivent cette peine ne sont que le
« masque de la tyrannie; que les formalités cruelles et
« réfléchies de la justice ne sont qu'un *prétexte* pour

« nous immoler avec plus de sécurité, comme des *vic-*
« *times* dévouées en sacrifice à *l'insatiable despotis-*
« *me* ». Ici même je crois être obligé d'arrêter le philosophe, qui me paraît maintenant aller trop loin
dans le sens opposé à son premier avis. Si la peine
de mort donne des exemples de cruauté au milieu
de nos mœurs adoucies, elle n'a pas le même vice au
sein des sociétés barbares, où le glaive est dans toutes les mains et punit la moindre injure : alors elle
ne fait pas contraste avec les habitudes populaires.
Quant à la seconde phrase, où l'auteur parle de *pré-*
texte, de *despotisme* et de *victimes*, on voit qu'em-
porté par son cœur, il a cru parler pour des innocents, et non pour des coupables. C'est ce qui arrive,
au reste, assez souvent dans les discussions de la
peine de mort. On oublie qu'il s'agit de meurtriers
en lutte contre une société innocente ; on garde toute
sa sympathie pour les premiers, toute sa colère contre la seconde, comme s'il était question d'innocents
condamnés par des meurtriers, ce qui changerait
tout-à-fait la thèse. Non, le juge qui, dans des
temps de souffrance publique, repousse une attaque
anti-sociale par la seule voie ouverte alors, n'est pas
un insatiable despote, car le sang ne fait ni son profit ni sa joie. L'assassin et l'incendiaire, qui aggravent les maux de la société, ne sont pas des *victi-*
mes dévouées, et la publicité du châtiment ne peut
pas être appelée un *prétexte.*

Mais, au milieu des contradictions du philosophe italien, reste-t-il du moins cela de constant,

que, cruelle ou non, il rejette la peine de mort dans
tous les cas, comme contraire au droit naturel?
Point du tout. Il se relâche à ce sujet même de la
rigueur de ses principes, et avance que la mort peut
être nécessaire dans deux circonstances : « Premiè-
« rement dans les moments où une nation est sur le
« point de recouvrer ou de perdre sa liberté..... ;
« secondement, lorsqu'un citoyen, quoique prison-
« nier, peut encore, par ses relations et son crédit,
« porter quelque atteinte à la sûreté publique, lors-
« que son existence peut produire une révolution
« dangereuse dans le gouvernement établi ».

Mais quoi! ce citoyen n'a-t-il pas été partie au
contrat primitif? « *A-t-il donc donné à d'autres*
« *hommes le droit de lui ôter la vie, et doit-on sup-*
« *poser que, dans le sacrifice que chacun a fait*
« *d'une partie de sa liberté, il ait pu risquer son*
« *existence, le plus précieux de tous les biens?* » Il
n'y a donc point pour lui, « *dans une partie recu-*
« *lée de notre âme, ces principes naturels qui nous*
« *crient qu'un homme n'a aucun droit légitime sur*
« *la vie d'un autre homme?* » et enfin, ce malheureux
ne sera donc point, s'il périt, « *une victime dévouée*
« *à l'insatiable despotisme* ».

Je ne considère pas si cette exception est bien
choisie : il me suffit que vos principes se taisent dans
un cas; ils pourront se taire dans beaucoup d'autres;
on ne peut plus les nommer universels. Il ne s'agit
que d'examiner s'il est nécessaire ou non, dans tel
ou tel cas, d'écouter les principes, et la ques-

tion retombe encore ici parmi les questions de fait.

Non, l'illégitimité de la peine de mort n'est point un principe universel, un principe rationnel. Les principes rationnels ne sont pas soumis à la perfectibilité, et découverts successivement dans la série des âges. Ils ont apparu au premier jour du monde, et ils brilleront jusqu'au dernier. Les anciens savaient comme nous que tout effet veut une cause ; que toute modification suppose une substance ; que le bien de tous doit passer avant le bien d'un seul ; que la force peut être repoussée par la force ; qu'au démérite est dû le châtiment, et qu'il n'est point de châtiment si le méchant n'est pas plus malheureux que l'homme de bien. Voilà des principes universels, éternels, immuables : tous les temps et tous les lieux les ont connus et pratiqués. Hors des principes de ce genre, qu'il suffit d'énoncer pour les faire comprendre, tout retombe dans les évaluations, dans les calculs du matériel de ce monde. Il n'est point vrai, Beccaria, « que c'est le sort des grandes vérités de briller avec la durée de l'éclair, et que le temps n'a pas encore été où la vérité chassera l'erreur ». La vérité morale est de tous les temps, et il n'est pas de principe universel qui soit né seulement d'hier.

Le monde physique change et se renouvelle ; il se perfectionne, parce que le bien matériel naît à mesure. Mais la vérité est éclose tout entière le même jour ; elle n'est pas perfectible, parce qu'elle n'est pas variable.

Le philosophe milanais avait mieux apprécié, selon moi, les choses d'ici-bas, quand il disait, dans le chapitre qui précède immédiatement celui de la peine de mort : « Je finis par cette réflexion, que la « rigueur des peines *doit être relative à l'état actuel* « *de la nation*. Il faut des impressions fortes et ter-« ribles pour frapper l'esprit grossier d'un peuple « qui sort de l'état sauvage ; il faut un coup de ton-« nerre pour abattre un lion furieux que le coup de « fusil ne fait qu'irriter. Mais à mesure que les « âmes s'adoucissent dans l'état de société, l'homme « devient plus sensible ; et, si l'on veut conserver les « mêmes rapports entre l'objet et la sensation, les « peines doivent être moins rigoureuses. »

Si je passe aux autres philosophes, je trouve que le petit nombre de motifs qu'ils ont ajoutés à ceux de Beccaria ne peuvent être admis contre la peine de mort en thèse générale et indépendamment des temps et des lieux. « La punition de mort ne se gra-« due point, allègue Diderot : c'est la cessation de « la vie et pour l'enfant de dix-huit ans et pour « l'homme de soixante. Cela n'est pourtant pas in-« différent. » Dans les temps malheureux, où la so-ciété n'a que la mort pour repousser les grands cri-mes, on ne peut que répondre : Le jeune homme avait démérité plus tôt ; le vieillard a été vertueux quarante-deux ans de plus : il a mérité de les vivre. D'ailleurs l'inégalité de la peine pour des âges diffé-rents se retrouverait encore dans la perte de la liberté.

L'abbé Morellet oppose que la peine de mort est irrémissible, et ne peut se réparer si l'on vient à découvrir l'erreur du juge. D'abord cet argument tombe en cas de flagrant délit; et, dans les autres cas, lorsqu'une peine moindre que la mort mettrait le coupable dans une position égale ou peut-être supérieure à celle des innocents, voici ce qu'on peut répondre avec Bentham : « Il faut considérer que « la sûreté a deux branches, sûreté contre les erreurs « et les transgressions de la justice, sûreté contre les « délits. Si on ne peut obtenir cette dernière qu'aux « dépens de l'autre, il n'y aurait pas à balancer. « Pour les délits, qui avez-vous à craindre? tous « ceux qui en sont capables, c'est-à-dire tous les « hommes et dans tous les temps. Pour les erreurs « et les transgressions de la justice, ce sont des ex- « ceptions, des cas accidentels et rares. »

J'arrive à Bentham : car, pour ne pas traîner en longueur, je suis obligé de passer d'autres noms sous silence. Ce philosophe, sans contredit le plus habile de l'école de l'intérêt, déduisant et adoptant avec une justesse admirable les conséquences d'un principe, je crois, n'est pas juste, a compris que, dans son système, la société n'étant qu'un ajustement de pièces matérielles, il ne devait raisonner de la pénalité que matériellement; et il ne prend pas d'autre voie pour demander la suppression de la peine de mort. Les autres publicistes nous ont parlé de droit, de justice; ils ont senti qu'il y avait pour l'homme une obligation intérieure, un devoir social écrit dans la conscience ; et leur faute est, selon moi, d'en avoir trop étendu la limite. Bentham, comme son école, tombe dans l'excès contraire. Il n'y a d'autre devoir ici-bas que celui qu'on nous impose par la force ; il n'y a point de voix secrète qui veuille que le méchant soit plus malheureux que le bon ; la pénalité n'a pas de but moral. Ici on ne reproche pas à la peine de mort d'aller au-delà de ce qu'il faut pour satisfaire la conscience publique, et de devenir par là une injustice : on lui trouve seulement quelques inconvénients matériels.

Mais je dois dire que ces inconvénients ne sont pas non plus de tous les lieux et de tous les temps, et ne peuvent être comptés devant la nécessité cruelle qui pèse sur les sociétés encore barbares ou peu développées. Qu'importe, en effet, quand la mort est la seule ressource, que cette peine ne soit pas « *convertible en profit* pour la partie lésée », ou même « *qu'elle soit une dépens e?*» Lorsqu'on repousse de vive force l'attaque d'un brigand dans un bois, on s'inquiète peu de ce qu'on ne pourra pas réclamer de dommages et intérêts, et de ce qu'on fait le sacrifice de la laine qu'il aurait pu carder en prison. Outre ces deux reproches que Bentham fait de lui-même à la peine de mort, il en répète deux autres, dont nous nous sommes déjà occupés : l'un de l'abbé Morellet, *c'est que la peine de mort n'est pas rémissible;* mais Bentham m'a fourni lui-même ma réponse contre cet argument : c'est qu'il faut préférer la sûreté contre le délit à la sûreté contre l'erreur du

juge ; l'autre, emprunté en partie à Beccaria, *c'est*
« *que l'emprisonnement perpétuel et laborieux* fe-
« rait une impression plus profonde que la peine
« capitale sur l'esprit des grands malfaiteurs». Bentham restreint aux grands malfaiteurs le fait que
le philosophe italien appliquait au vulgaire des criminels. Mais je ne crois pas que ces scélérats déterminés eussent été plus touchés d'un emprisonnement
laborieux que de la mort, dans un temps où la première de ces deux peines n'aurait tout au plus repré-
senté que la condition des ilotes ou des esclaves romains. Et, d'ailleurs, si l'emprisonnement perpétuel était plus dur que la mort, le prisonnier ne se
tuerait-il pas dans sa prison? Il n'est donc pas possible de lui infliger un châtiment plus dur que le trépas,
auquel il est toujours libre de recourir. A cela Bentham répond : « Souffrir plutôt que mourir sera la
« devise du malfaiteur, condamné à d'autres peines
« que la mort.... On observe dans l'esprit humain,
« de même que dans l'organisation physique, une
« étonnante aptitude à se prêter aux situations les
« plus fâcheuses.... Toutes les peines ont leur mo-
« ment de relâche, et, sur le seul effet du contraste,
« ces adoucissements passagers deviennent des plai-
« sirs très vifs. Combien d'hommes, tombés du faîte
« des grandeurs dans un abîme de misères, ont sevré
« leur âme par degré de toutes les jouissances d'ha-
« bitude, et se sont créé de nouvelles ressources.
« L'araignée du comte de Lauzun, les ouvrages de
« paille de Bicêtre, les petits chefs-d'œuvre d'indus-

« trie et de patience des prisonniers de guerre fran-
« çais, et tant d'autres exemples connus de tout le
« monde, justifient cette observation. »

Si ce raisonnement est fondé, Bentham n'a-t-il
pas supposé, par cela même, un malfaiteur qui n'a
pas reculé devant l'emprisonnement perpétuel, puisqu'il s'est fait condamner à cette peine, et qui re-
cule cependant devant le trépas? La perte de la vie
est donc encore plus redoutable pour lui que la prison. Et qu'on ne dise pas qu'il faut plus de résolu-
tion pour se donner la mort que pour se la laisser
infliger, puisqu'on a vu souvent des coupables avoir
recours au suicide, afin d'éviter l'exécution, et puisqu'on enlève chaque fois encore à un condamné à
mort tout moyen d'attenter à ses jours.

Ce n'est donc pas comme plus rigoureux ni plus
redoutable qu'il faudrait substituer l'emprisonnement perpétuel à la mort, mais comme suffisant aujourd'hui à la conscience publique et à la défense générale de la société. *Souffrir plutôt que mourir* est la
devise de tous les hommes, même des grands malfaiteurs; et la captivité laborieuse, la servitude perpétuelle, les aurait encore moins arrêtés que la mort,
dans les temps où la vie du plus grand nombre était
une laborieuse captivité et une perpétuelle servitude.

Au surplus, quoique Bentham n'ait pas envisagé
la question d'une manière historique, je ne doute
pas que ce point de vue, s'il se fût offert par hasard
à son esprit, n'eût modifié son opinion. J'en prends
à témoin cette phrase du chapitre sur les peines ca-

pitales : « Il est certain que les peines, pour être
« efficaces, doivent avoir *une proportion avec l'état*
« *moyen de jouissance des individus.* »

Je crois pouvoir avancer le même jugement sur
Montesquieu, qui explique en ces termes les modifi-
cations apportées par les temps à la pénalité :
« Dans les pays despotiques, *on est si malheureux*
« que l'on y craint plus la mort que l'on ne regrette
« la vie. *Les supplices doivent donc être plus rigou-*
« *reux* » (et il entend ici plus rigoureux que la
mort). « Dans les états modérés, on craint plus de
« perdre la vie qu'on ne redoute la mort en elle-
« même ; *les supplices qui ôtent simplement la vie*
« y sont donc *suffisants.* »

Ces deux philosophes, après un pareil aveu, s'é-
lèvent contre les gouvernements qui aggravent par
eux-mêmes les malheurs des peuples, et amènent la
nécessité d'aggraver les châtiments. C'est ce qui arrive, dit-on, aujourd'hui pour l'Irlande, où, par
suite d'une mauvaise administration, des familles
entières couchent dans des caves et sur le pavé des
rues, en proie à la fièvre et à la faim, et où le bour-
reau à tant à faire. Mais ce qu'il fallait reconnaître,
c'est qu'avant l'entier développement des sociétés,
avant la propagation du travail, de l'industrie et
des lumières, progrès qui amènent, après de longs
siècles, l'émancipation légitime et forcée de tout
le peuple, la misère, la souffrance et la mortalité
tiennent à la force des choses, et non au caprice de
la loi.

Ce que j'ai voulu montrer, c'est que la peine de mort n'est pas interdite par la conscience, en thèse générale, indépendamment des temps et des lieux, comme un attentat contre les jours d'autrui. Si le devoir nous défend de porter la main sur la vie de notre semblable, il nous défend aussi d'attenter à sa liberté, à ses biens, à son honneur. Aucune peine ne serait donc possible : car comment punir sans toucher à aucun de ces biens. On ne fait pas attention que la société n'a de devoirs qu'envers l'innocent, c'est-à-dire envers celui qui accomplit lui-même ses devoirs envers la société. Mais les devoirs violés font perdre les droits, et appellent les châtiments. La perte de la vie n'est qu'un degré physique de la pénalité, comme la perte de la liberté ou des biens. Ce degré n'est pas le dernier de l'échelle : car il peut être dépassé, comme on l'a fait, en aggravant la mort par des tortures. Il ne faut donc pas le distinguer des autres, mais le laisser, comme ceux-ci, aux proportions physiques des temps.

Jusque bien près de nos jours ce degré fut nécessaire pour apaiser la conscience publique contre les grands crimes, et pour les interdire à la classe la plus nombreuse de la société.

Aujourd'hui, l'accroissement du travail et une meilleure répartition de ses produits, l'adoucissement de la vie moyenne jusque dans les derniers ordres du peuple, l'amélioration des mœurs qui en est résultée, la culture de l'intelligence, et par suite la prédominance de la raison sur les sens , tout cela change entièrement les proportions matérielles , et l'on peut descendre un degré dans la gradation physique des châtiments.

Aussi, quand j'arrive à notre époque, je reviens au milieu des philosophes dont j'avais quitté tout-à-l'heure les bannières, et je demande aujourd'hui, comme eux, pourquoi, lorsqu'on peut éviter ce mal, continuer de prononcer une peine qui ne peut être remise si l'on vient à reconnaître une erreur, fort rare, il est vrai, mais possible ; une peine qui est funeste par les habitudes de cruauté qu'elle entretient ou fait naître ; qui n'est pas divisible, et frappe du même coup des crimes souvent bien différents ; qui ennoblit le méfait, pour ainsi dire, en donnant au malfaiteur bravant la mort un air d'intrépidité ; qui déverse une portion d'intérêt sur le criminel, et atténue ainsi la laideur du crime ; qui ne tend pas à l'amendement moral du coupable ; qui fait perdre à la société un membre dont le travail forcé pouvait être d'un produit utile et le repentir d'un exemple salutaire ; qui peut être un terrible précédent pour les temps de despotisme et d'anarchie ; qui, chaque jour, devient de moins en moins populaire ; qu'on tente parfois d'éluder ; qui, par conséquent, entraîne le témoin à falsifier son témoignage, le juré à fermer les yeux et à prononcer contre sa conscience, le magistrat à ne point appliquer la loi et à laisser le crime impuni ; qui, par toutes ces causes, devient nuisible et re-

doutable ; et enfin, j'ajouterai, qui dépasse le besoin
de la conscience publique, qui excède par conséquent
le sort mérité par le criminel, et qui ainsi devient
injuste et coupable.

CHAPITRE VII.

LA PEINE DE MORT DOIT-ELLE ÊTRE DE NOS JOURS SUPPRIMÉE POUR CERTAINS CRIMES ET MAINTENUE POUR D'AUTRES?

Si, quand je considère les temps passés, je combats les ennemis de la peine de mort, lorsque j'arrive à notre époque je me vois forcé d'aller plus loin qu'eux-mêmes dans leur propre opinion. Je pense en effet que le supplice capital peut être aujourd'hui supprimé dans tous les cas. Or, la plupart de ces philosophes, Beccaria, Rœderer, Bentham, reculent devant le conspirateur et déclarent que la peine capitale doit être maintenue contre lui. Il leur semble qu'un chef de parti, du fond de son cachot, anime encore ses complices, que son nom seul renoue les trames rompues, et rallie un camp dispersé. De là on conclut que toute autre peine que la mort serait impuissante pour étouffer les restes d'une faction. Mais nous avons vu de nos temps une preuve assez remarquable du contraire. N'y a-t-il pas eu un homme qui était parvenu à réunir dans un complot un assez grand nombre de Français; qui les avait menés en armes contre le gouvernement; qui avait séduit les soldats envoyés contre lui, et qu'on ne put réduire qu'après le succès et avec des forces assez

considérables. Eh bien! on le garda jusqu'à sa mort
dans une prison étroite; on se contenta de disperser
le reste de sa troupe, et le complot ne s'est pas
renoué. Ce chef de faction, c'est Bonaparte sorti de
l'île d'Elbe: son complot, l'expulsion de la dynas-
tie; sa troupe, les bataillons qui devinrent les cent
mille hommes de Waterloo; et la force nécessaire
pour le réduire, la coalition de toute l'Europe.
L'île Saint-Hélène avait suffi contre lui, elle suffirait contre d'autres. Le plus vaste complot, la plus
redoutable faction peut donc de nos jours, comme
tout autre grand crime, être punie et comprimée,
de manière à ne plus renaître, par une réclusion
sévère et complète.

Il est un système directement opposé à ce dernier: c'est celui qui exempte le conspirateur de la
peine capitale, et veut cependant la maintenir contre les autres grands criminels. Ici l'on regarde le
chef de parti dont l'entreprise est déjouée comme
un vaincu qu'il faut désarmer, mais non punir. C'é-
tait un ennemi déclaré, et pour ainsi dire extérieur.
On doit traiter avec lui comme de puissance à puissance. Mais celui qui tue ou vole à main armée
conspire aussi contre *l'état:* par ce mot, en effet,
on doit entendre *l'ordre social,* et non pas seulement les *surveillants de cet ordre.* La différence
entre le conspirateur et l'assassin, c'est que l'un
attaque le protecteur, et l'autre les protégés; le premier frappe à la tête, et le second aux membres;
on peut dire que l'un est un malfaiteur public, et

l'autre un conspirateur privé. Si quelque immunité peut s'attacher au premier, elle doit, à plus juste titre, profiter au second, car son crime à moins de portée.

Mais, continue-t-on, l'homme qui entre dans un complot est presque toujours entraîné par une erreur plutôt que par un intérêt ; il croit servir la patrie, et d'ailleurs le plus souvent il appartient à une classe élevé , qui, méprisant la mort, n'est sensible qu'à l'infamie. Au contraire, l'homme qui vole ou qui assassine n'est jamais désintéressé ; et il fait ordinairement partie de ces dernières classes du peuple qui n'entendent point la voix de l'honneur et ne comprennent que les peines du corps.

Je ne veux point discuter le désintéressement de tous les conspirateurs passés et à venir ; je dirai seulement que la question *intentionnelle* doit être scrupuleusement éclaircie pour tous les crimes, qu'ils soient publics ou privés. L'expérience nous montre que, dans les conspirations, pour recruter ou encourager les affidés , on a soin de mettre leur intérêt privé d'accord avec l'intérêt public , qu'on leur donne pour mot de ralliement. Il serait donc imprudent et injuste de supposer innocents *a priori* tous les conspirateurs, et de les exempter, à ce seul titre, d'une peine qu'on réserverait aux autres grands criminels. Il n'y aurait pas moins d'injustice et d'imprudence si , du seul caractère privé que présenterait un fait nuisible , on déduisait une intention coupable. Les auteurs et les affiliés [d'un com-

plot peuvent être souvent excusables ; mais croyez
que les autres criminels sont aussi quelquefois di-
gnes de pardon. Si vous aviez pu descendre dans le
cœur de l'homme qui commet un attentat, vous
auriez vu souvent quelles ténèbres s'étaient faites
en lui ; par quels prestiges, par quels sophismes sa
raison avait été séduite comme celle des malheureux
qu'on embauche dans une conspiration ; vous auriez
vu comment le coup qu'il a frappé lui a ouvert les
yeux à une lumière nouvelle ; comment lui-même
alors s'est accusé le premier ; comment enfin on n'a
besoin que de réveiller et de fortifier les bons ger-
mes semés par la nature dans le sein de l'homme,
pour le rendre inexpugnable aux obsessions de l'intérêt, qui l'entraînent dans les crimes privés comme
dans les crimes publics.

On prétend, dans le système auquel je réponds,
qu'il faut distinguer entre le conspirateur et les autres criminels, parce que ceux-ci appartiennent
aux dernières classes du peuple, qui ne sont sensibles qu'aux châtiments matériels. D'abord, ce ne
serait pas une raison pour leur infliger la mort, car il
est d'autres châtiments matériels. Mais, en second
lieu, ces dernières classes dont on parle se composent
aujourd'hui d'ouvriers laborieux, et, en vérité, l'on
ne doit pas douter qu'elles ne puissent s'élever au
degré de moralité de la classe des conspirateurs, et
notamment de ces sous-officiers et de ces soldats
qu'on voit figurer assez souvent dans les complots,
et qui ne sont pas d'une condition fort relevée. Si

les crimes politiques sont exemptés de la mort, on peut donc en dispenser aussi les crimes civils.

Au surplus, nous ne demandons pas qu'on passe immédiatement de la peine capitale aux peines purement infamantes. Nous croyons qu'il ne faut descendre que d'un seul degré au-dessous du dernier supplice, parce qu'un degré plus bas ne satisferait pas encore à la conscience publique et à la sûreté générale; mais aussi nous pensons que, si cette peine inférieure d'un seul degré n'eût suffi autrefois contre aucun des grands crimes, elle suffirait aujourd'hui contre tous.

CHAPITRE VIII.

RÉSUMÉ GÉNÉRAL.

Je termine en résumant les diverses observations que j'ai présentées. L'homme vit en société : indépendamment d'une partie de ses facultés physiques, indépendamment de ses penchants sociaux et de plusieurs lois de son intelligence qui, dans l'isolement, demeureraient sans objet, et qui, par leur existence, indiquent une prédestination de l'état social, on peut remarquer que jamais l'espèce humaine n'a été aperçue par l'observation hors de cet état ; que la vie dite sauvage, si grossière qu'elle soit, est encore une société ; et que, si quelques individus ont été trouvés vivant seuls dans les bois, c'est par une exception et un accident malheureux. Mais personne n'a observé la race humaine sortant des forêts pour écouter des vers, pas plus qu'on n'a vu se rassembler au son d'une lyre les abeilles autrefois dispersées. L'état social est donc pour l'homme l'état de nature. Cet état est fondé sur un penchant naturel et sur une obligation morale : celle de ne pas servir notre intérêt privé aux dépens de l'intérêt social, quelque facilité que nous trouvions à le faire et quelque bénéfice que nous en puissions retirer. Cette obligation résulte pour nous d'une loi de notre intelligence, c'est-à-dire que, par la constitution de notre esprit, nous sommes forcés de la concevoir, comme nous sommes forcés de reconnaître telle ou telle couleur par la constitution de nos yeux. Mais en même temps que nous concevons malgré nous l'obligation de respecter l'intérêt social, nous concevons d'une manière également inévitable que quiconque viole cet intérêt pour le sien propre mérite de rencontrer malheur, et plus de malheur que les citoyens fidèles à la loi. Nous reconnaissons qu'il faut lui infliger ce mal, pour accomplir le principe de mérite et de démérite ou de juste distribution, et pour défendre aussi la communauté contre de semblables attaques. La peine a donc un double but également légitime et nécessaire : 1° châtiment du méfait commis ; 2° prévention des méfaits à venir.

Voilà tout ce qu'il y a d'invariable et d'universel dans la pénalité, parce que voilà tous les principes qui nous sont révélés en elle par l'invariable et universelle raison. Quant au degré du mal physique qu'il faut infliger, c'est une proportion soumise à la mobilité du monde physique. Elle doit être appropriée à la condition du peuple. Dans un état de société où la mort est vulgaire et fréquente pour les citoyens non coupables, comme dans les sociétés guerrières par nécessité et défendant leur misérable existence sur leur propre territoire, les grands crimes ne pourront être punis que par la mort aggravée de supplices. Lorsque le trépas sera plus rare, mais que la vie ne vaudra guère mieux que la mort, comme dans les sociétés dont l'existence n'est plus menacée, mais qui, troublées par des guerres extérieures, n'ont pu développer les travaux de la paix, la mort simple deviendra suffisante. Enfin, dans les temps où l'existence commune sera douce et tranquille, comme de nos jours, les peines non sanglantes accompliront suffisamment les deux principes qui fondent la pénalité. Aller au-delà serait punir plus qu'il ne faut, et risquer de pervertir les spectateurs du supplice, lorsqu'il faut les améliorer. Ainsi l'acte serait nuisible et coupable.

On s'effraie des innovations; on a peur de porter atteinte à la sûreté publique en détruisant un ordre qui règne depuis long-temps. Mais on ne prend pas garde que cet ordre lui-même a été une innovation. Où en serions-nous, si nos pères eussent partagé notre timidité? Nous lirions encore dans nos codes les cent trente-deux crimes capitaux de Louis XIV, ou même nous verrions s'exécuter sur nos places les lapidations d'Athènes, et se dresser au bord de nos rivières la roche Tarpéienne des Romains.

Les combinaisons matérielles variant sans cesse, le même acte ne sera pas toujours nuisible au même degré, et ne formera pas toujours le même châtiment en le tournant contre le coupable, ni le même crime en le tournant contre l'état. A mesure que les sociétés font de nouveaux progrès, elles se trouvent blessées par des actes qui semblaient innocents dans les sociétés barbares ou dans les sociétés peu développées. M. de Châteaubriand nous représente avec raison Chactas prenant les galériens pour les véritables honnêtes gens de la France, parce qu'ils étaient punis pour des actions qu'on faisait tous les jours sans crime dans les forêts des Natchez. Nous nous offensons aujourd'hui des calomnies et des médisances publiques, et la loi les punit : elle a long-temps négligé ces fautes.

S'il faut moins de mal pour faire une offense, il faudra moins de mal pour faire un châtiment. J'ai indiqué comment les peines afflictives étaient toujours proportionnées au degré d'affliction que comportait la vie commune. Ce degré variant sans cesse, et diminuant de plus en plus, le législateur doit toujours être occupé d'approprier la peine à la condition générale, pour ne pas appliquer plus de mal qu'il n'est utile, et ne pas blesser la conscience publique. Gardons-nous de ces législations immobiles de l'antiquité, qu'on jurait d'observer toujours. La loi malheureusement ne contient pas que de pures abstractions : elle touche d'une part à la raison immuable, et de l'autre à la mobile humanité : on doit en conséquence modifier le côté humain de la loi. Il faut un législateur permanent, attentif à concilier les contradictions du texte et des faits; un important avantage des gouvernements modernes, c'est que la puissance législative se trouve à chaque instant remise en présence de la législation et puisse retoucher son ouvrage.

7

Au surplus, il est une vérité qui doit faire notre consolation et notre espoir : c'est que l'humanité marche d'un mouvement spontané qui ne dépend point des règles écrites, et d'après lequel au contraire on finit par écrire les règles. Ainsi, dans les arts, l'humanité débute par chanter une Iliade, par produire une Electre sur la scène, par modeler un Jupiter olympien, et plus tard on observe les routes qu'elle a suivies, et l'on écrit les lois des beaux-arts. Elles seront bonnes jusqu'à ce que l'homme prenne spontanément encore des voies nouvelles qui feront lois à leur tour. Il en est de même en morale : l'humanité voit et pratique le bien avant de l'inscrire dans les codes; et l'usage, par suite, est rédigé en loi, jusqu'à ce que naisse un nouvel usage qui fasse écrire une nouvelle loi. En 1775, du temps où Bentham composait ses traités, tous les codes portaient encore des tortures pour aggraver la peine de mort, mais déjà l'homme ne les appliquait plus. Les lois prescrivaient la mort contre une multitude de crimes, et l'humanité ne la prononçait que pour les plus graves attentats. Au renouvellement de notre législation, ces pratiques ont été recueillies comme préceptes, et ont passé en force de loi. Bientôt la lettre s'est trouvée trop sévère encore, et la pratique n'a plus été d'accord avec elle ; beaucoup de vols n'étaient point frappés des peines prescrites, et l'infanticide échappait à la mort, ordonnée encore par les textes. Le Code a plié une seconde fois, et en 1824 ces deux usages ont fait partie du contenu légal. Aujourd'hui l'action libre, active, progressive, du genre humain, tend de nouveau chez nous à s'échapper de la dernière formule de la loi. Voyez la perplexité du jury toutes les fois que sa décision doit emporter peine de mort : l'éloquence excitante du ministère public a grand' peine à conjurer la répugnance des jurés pour un châtiment qu'ils ne sentent plus nécessaire. Jamais, quelle que soit l'évidence d'un crime réputé capital par la loi, on n'obtient du jury une déclaration unanime. Pressés entre le mal d'outre-passer la punition réclamée par la conscience publique et le mal de renvoyer le coupable absous, ce qui est également contre la justice, les jurés distribuent souvent leurs voix de manière à forcer la cour de décider elle-même la question, et ils se déchargent ainsi d'une responsabilité qui leur pèse. Plus nous avancerons, plus cette répugnance augmentera et pénétrera profondément le cœur du peuple. Si l'on ne parvient à faire effacer du texte légal les condamnations à mort, nous les verrons s'effacer d'abord de l'usage. On en viendra à commuer la peine pour tous les crimes, comme on le fait déjà pour le crime de fausse monnaie, puni de mort par la loi écrite, et des galères par la loi vivante ; et enfin le code cédera.

Implorer la suppression des textes qui parlent encore de condamnations capitales, ce n'est donc pas demander qu'on fasse une révolution, mais qu'on suive un mouvement qui s'opère de lui-même, et qu'on facilite une amélioration, en supprimant

une résistance. Car, si les clauses légales n'enchaînent pas le cours naturel des faits, on ne peut nier
qu'elles ne le retardent et ne le gênent beaucoup,
par l'autorité qui les entoure , et par la répugnance
qu'on éprouve à les violer.

Mais, je le répète , si la loi ne précède pas l'usage,
l'usage précédera la loi. Car ceux qui parlent aujourd'hui pour l'abolition de la peine de mort ne
font pas violence à leur siècle ; ils sont poussés eux-
mêmes par le mouvement des esprits; ils cèdent à
la force du sentiment général , qui, selon sa marche
ordinaire, après avoir long-temps couvé dans les
cœurs , et s'être confié à l'oreille, se manifeste d'a-
bord par quelques voix , et éclatera enfin par toutes
les bouches. Leurs discours sont comme ces premières goutes de pluie qui ne causent pas l'orage et
ne font que l'annoncer.

TABLE.

—

CHAP. Ier. Base de la société.   Page   5

— II. Base de la pénalité.   12

— III. De la peine de mort dans les temps
antérieurs à notre époque.   17

— IV. De la peine de mort à notre époque
en France.   33

— V. Du châtiment qu'on peut substituer
immédiatement à la peine de mort.   61

— VI. Examen des principes qui ont fondé jusqu'ici l'opposition à la peine de
mort.   67

— VII. La peine de mort doit-elle être de
nos jours supprimée pour certains
crimes et maintenue pour d'autres ?   89

— VIII. Résumé général.   94

FIN.

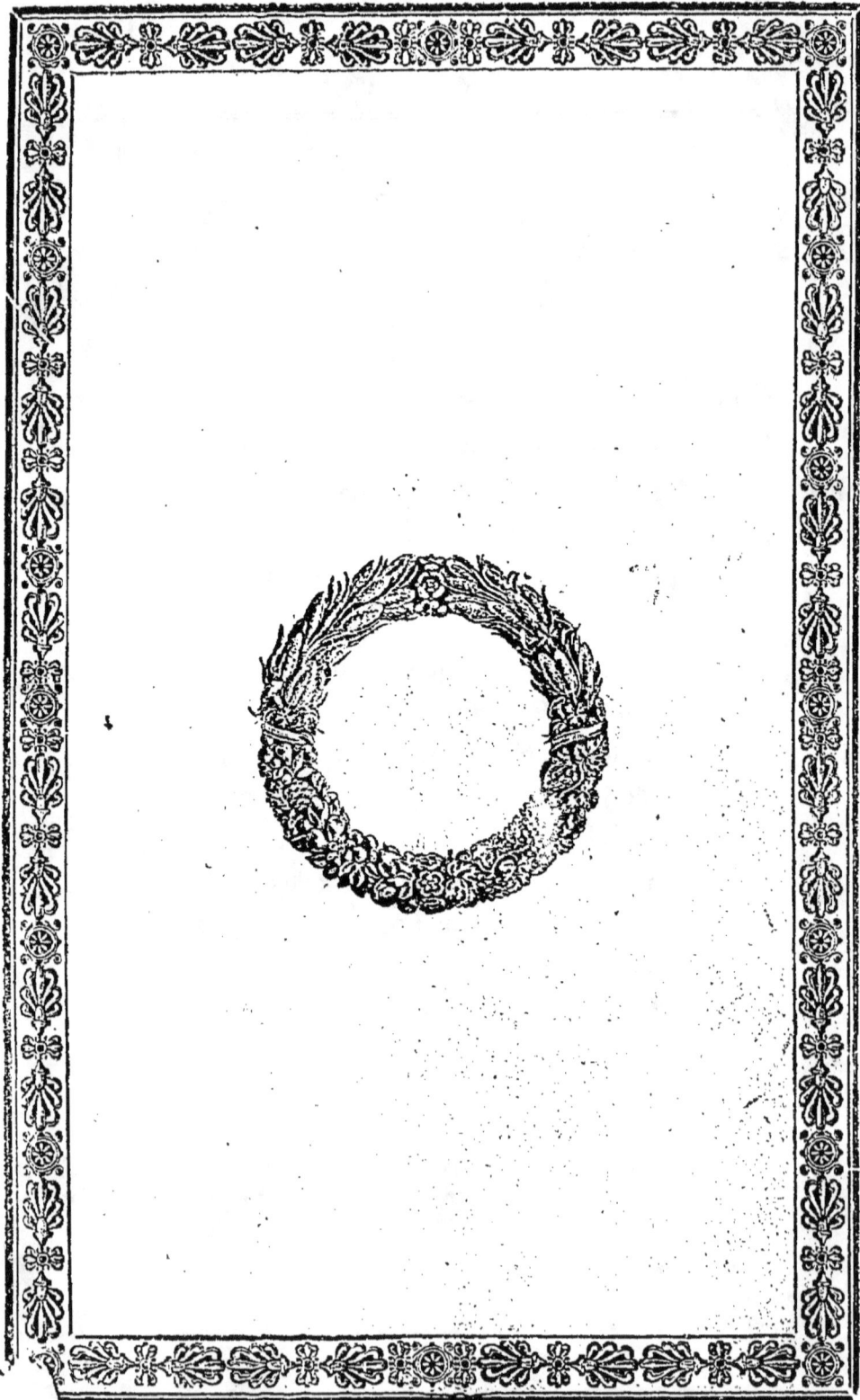

Contraste insuffisant

NF Z 43-120-14

www.ingramcontent.com/pod-product-compliance
Lightning Source LLC
Chambersburg PA
CBHW052056270326
41931CB00012B/2777